독자의 1초를 아껴주는 정성!

세상이 아무리 바쁘게 돌아가더라도
책까지 아무렇게나 빨리 만들 수는 없습니다.
인스턴트 식품 같은 책보다는
오래 익힌 술이나 장맛이 밴 책을 만들고 싶습니다.

길벗이지톡은 독자여러분이
우리를 믿는다고 할 때 가장 행복합니다.
나를 아껴주는 어학도서,
길벗이지톡의 책을 만나보십시오.

독자의 1초를 아껴주는

정성을 만나보십시오.

미리 책을 읽고 따라해본 2만 베타테스터 여러분과
무따기 체험단, 길벗스쿨 엄마 2% 기획단,
시나공 평가단, 토익 배틀, 대학생 기자단까지!
믿을 수 있는 책을 함께 만들어주신 독자 여러분께 감사드립니다.

홈페이지의 '독자마당'에 오시면
책을 함께 만들 수 있습니다.

(주)도서출판 길벗 www.gilbut.co.kr
길벗 이지톡 www.eztok.co.kr
길벗 스쿨 www.gilbutschool.co.kr

mp3 파일 다운로드 무작정 따라하기

이지톡 홈페이지 (www.eztok.co.kr) 회원 (무료 가입) 이 되면 오디오 파일 및 관련 자료를 다양하게 이용할 수 있습니다.

1단계   로그인 후   도서명 ▼   **영알남의 영어의 진실**   검색   에 찾고자 하는 책이름을 입력하세요.

2단계   검색한 도서로 이동하여 〈자료실〉 탭을 클릭하세요.

3단계   **mp3** 및 다양한 서비스를 받으세요.

영알남의
영어의 진실

영단어

영알남의 영어의 진실 – 영단어
How to Picture English Vocabulary

초판 1쇄 발행 · 2018년 11월 30일
초판 7쇄 발행 · 2020년 11월 30일

지은이 · 양승준
발행인 · 이종원
발행처 · (주)도서출판 길벗
브랜드 · 길벗이지톡
출판사 등록일 · 1990년 12월 24일
주소 · 서울시 마포구 월드컵로 10길 56(서교동)
대표 전화 · 02)332-0931 | **팩스** · 02)323-0586
홈페이지 · www.gilbut.co.kr | **이메일** · eztok@gilbut.co.kr

기획 및 책임 편집 · 신혜원(madonna@gilbut.co.kr) | **디자인** · 황애라
제작 · 손일순, 이진혁 | **영업마케팅** · 김학흥, 장봉석 | **웹마케팅** · 이수미, 최소영
영업관리 · 김명자, 심선숙 | **독자지원** · 송혜란, 홍혜진

편집진행 및 교정 · 오수민 | **전산편집** · 연디자인 | **표지 일러스트** · 이지섭
본문 일러스트 · 임필영 | **원어민 감수** · Mark Holden | **오디오 녹음 및 편집** · 와이알 미디어
CTP 출력 · 북토리 | **인쇄** · 북토리 | **제본** · 신정문화사

ISBN 979-11-5924-204-5 03740 (길벗도서번호 300988)
정가 15,000원

이 도서의 국립중앙도서관 출판예정도서목록(CIP)은 서지정보유통지원시스템 홈페이지(http://seoji.nl.go.kr)와
국가자료종합목록 구축시스템(http://www.nl.go.kr/kolisnet)에서 이용하실 수 있습니다. (CIP제어번호 : CIP2018028045)

독자의 1초까지 아껴주는 정성 길벗출판사

길벗 | IT실용서, IT/일반 수험서, IT전문서, 경제실용서, 취미실용서, 건강실용서, 자녀교육서
더퀘스트 | 인문교양서, 비즈니스서
길벗이지톡 | 어학단행본, 어학수험서
길벗스쿨 | 국어학습서, 수학학습서, 유아학습서, 어학학습서, 어린이교양서, 교과서

페이스북 · www.facebook.com/gilbuteztok
네이버 포스트 · http://post.naver.com/gilbuteztok
유튜브 · https://www.youtube.com/gilbuteztok

영단어, 빅픽처를 그려라!

영알남의 영어의 진실

영단어

'영알남' 양승준 지음

영어 알려주는 남자

길벗
이지:톡

머리말

우선 이 책이 탄생하기까지 제게 용기와 신뢰를 주신 유튜브 〈영어 알려주는 남자〉 채널 구독자 여러분께 진심으로 감사의 말씀을 드립니다. 한 분 한 분 다 기억하는 거 아시죠? 그대들이 없었다면 절대로 이 책을 쓰지 못했을 겁니다. 사랑합니다.

영어, 절대 지워지지 않는 학습법이 있다!

책 표지의 컨셉은 타투(tattoo)입니다. 영국에서 대세인 '올드 스쿨 타투'(old school tattoo)예요. '영어 책에 웬 뜬금없는 타투 그림이야?'라고 생각하실 수도 있어요. 하지만 여기엔 제 철학이 담겨있답니다. 타투는 그림이잖아요. 그냥 그림과는 달라요. 한번 몸에 새기면 지워지지 않죠. 저는 영어도 타투와 비슷했으면 좋겠다는 생각을 해요. 지워지지 않는 그림을 머리에 새기는 거죠. 그러면 까먹을 걱정도 없고 계속해서 외울 필요도 없지 않을까요? 제가 영어를 공부한 방법이 딱 타투 같아요. 영단어의 그림을 타투처럼 지워지지 않게 머리에 새기는 거죠.

영단어, 그림만 이해하면 된다고?!

영국 유학 시절, 영어교육학 은사님 한 분이 이런 말씀을 하셨어요.

"
영단어는 무작정 외우는 것이 아니다.
영단어의 본질적인 의미를 담은 그림만 이해하면 된다.
"

충격적인 말이었습니다. 영단어가 외우는 게 아니라니! 대체 영단어의 본질적인 그림이 뭐지?!

그 뒤로 저는 영단어의 그림을 쫓아다녔어요. 여러 논문과 책을 읽고 영어 선생님들의 자문도 구했어요. 그렇게 해서 방대한 자료를 수집하고 '영단어의 본질적인 그림'을 이해할 수 있었죠. 그러고 나니 이 꿀정보를 혼자만 알고 있기 너무 아깝다는 생각이 들었어요. 그래서 작은 특강을 열었어요. 소수 정원으로 조촐

하게 수업을 하던 것이 입소문이 나면서 대형 학원에서 출강 제안이 들어오기도 했죠. 하지만 딱딱하고 형식적인 학원 강의는 저와 맞지 않는 것 같았어요. 강의 말고 더 많은 사람들에게 쉽고 편하게 다가갈 수 있는 방법이 없을지 고민했죠.

유튜버 '영알남'이 전하는 영단어의 그림!

영어는 왜 딱딱하고 형식적으로 공부해야 할까?
부담 없이 영어와 친해질 수 있는 방법은 없을까?'

이러한 고민에서 시작한 것이 '유튜브'입니다. 유튜브는 누구나 가벼운 마음으로 즐길 수 있는 플랫폼이잖아요. 편하게 영어에 대해 얘기하기에는 더할 나위 없이 좋은 공간이었죠. 처음엔 멋모르고 영상을 막 올렸어요. 여행 콘텐츠도 올리고, 문화 콘텐츠도 올리고, 영어 강의 콘텐츠도 올렸죠. 그러다가 일이 벌어졌어요. 미국 여행을 가서 촬영한 영상들이 뜨기 시작한 거예요. 동시에 영어 강의 영상들도 인기를 끌면서 〈영알남〉이 알려지기 시작했어요. 댓글과 메신저를 통해 영어에 대한 엄청난 질문을 받게 되었죠. 강의의 부족한 부분을 채워주는 피드백도 주셨고요.

결과적으로는 〈영알남〉 채널 시청자 분들과 활발하게 소통하며 강의 내용을 더욱 탄탄하게 다질 수 있었어요. 영상에 있는 내용을 일목요연하게 정리한 책이 있었으면 좋겠다는 요청에 힘입어 이렇게 책까지 쓰게 되었고요.

이 책에는 강의에서 가장 반응이 좋았던 단어를 중심으로 동사 20개, 전치사 20개, 그리고 조동사 5개의 그림을 담았습니다. 모두 영어를 제대로 이해하고 사용하기 위한 핵심 단어들이에요. 책에 나오는 모든 예문은 현지에서 실제로 사용되는 그야말로 '현실 표현'들이고요. 강의에 다 담지 못해 아쉬웠던 내용들도 보충했습니다.

이 책만으로 영어를 끝낼 수 있다는 말은 드리지 않을게요. '이런 방식으로도 영어를 이해할 수 있구나' 깨닫는 것만으로도 충분해요. 단언컨대 이 책은 여러분의 영어 학습에 새로운 지평을 열어줄 안내서가 될 거예요. 영단어의 그림을, 한 번 새기면 지워지지 않는 타투처럼 새겨드리겠습니다.

영알남 양승준

영단어의 진실을 찾아서

나의 영어가 늘 실패한 이유

저는 고등학교 때까지 영단어를 우리말과 일대일 대응으로 암기했습니다. 'apple=사과' 이렇게 말이죠. '다의어'라고 알려진 단어들은 여러 뜻을 죽죽 나열하며 외우기도 했습니다. 그렇게 고등학교를 졸업하고 우연히 미국 초등학생 수준이라는 영어 소설을 읽었는데, 도대체 무슨 내용인지 하나도 이해할 수가 없더라고요. 그렇게 많은 단어를 외웠는데 충격적이었죠. 영어의 뉘앙스를 느끼면서 스토리를 따라가기보다는, 기계적으로 한 문장 한 문장 우리말로 번역하기 바빴어요. 그러다 보니 속도도 느리고 오역투성이였죠. 그 후 영국으로 유학을 떠났습니다. 하지만 그곳에서도 시련은 계속 됐습니다. 아는 영단어를 최대한 활용해서 문장을 만들었는데도 어색한 표현이라는 지적을 받기 일쑤였죠.

그때 뼈저리게 느꼈어요.

'여태까지 내가 한 영어 공부는 완전히 잘못된 방식이었구나!'

영단어의 본질적인 그림

영국으로 건너간 저는 영어교육학을 전공했습니다. 대학교 3학년 전공 수업에서 교수님께서 이런 말을 하셨죠. 원어민과 비원어민의 차이는 '언어적 창의성'에 있다고요. '언어적 창의성'이란 기존에 알고 있는 언어를 기반으로 '새로운 표현'을 창조할 수 있는 능력을 말합니다. 다시 말해, 어떤 표현을 단순히 외워서 쓰는 게 아니라 그 언어의 주인이 되어 능동적으로 표현을 만들어내는 능력이죠.

영어가 모국어인 사람들은 영어를 본질 그대로 받아들입니다. 우리가 한글을 본질 그대로 받아들이듯 말이죠. 안타깝게도 영어가 모국어가 아닌 우리는 영어와 우리말을 일대일 대응으로 외우며 공부했습니다. 영어 '지식'은 늘어날지 몰라도 영어를 '언어로' 사용할 수 있는 실력은 전혀 향상되지 않죠. 하지만 걱정하지 마세요. 우리, 아직 늦지 않았어요. 관점만 바꾸면 돼요. 이제는 영어를 무작정 외우기보다는 영어의 본질을 이해하는 거예요. '영어의 본질'이라니. 거창하고 추상적으로 들리죠? 하지만 본질을 이해하는 것은 언어를 제대로 이해하고 사용하기 위해 꼭 필요합니다.

예를 들어볼까요? make라는 단어를 사전에서 찾아보면, '만들다', '살아남다', '성공하다' 등 스무 개도 넘는 의미가 나열되어 있어요. 하지만 이런 다의어 역시 본질은 단 하나입니다. 그 본질적인 그림만 이해하면 수많은 의미를 외우지 않고 한 번에 해결할 수 있어요.

make의 본질적인 그림은 무언가를 '해내는' 그림이에요. make가 쓰인 문장의 상황과 맥락에 따라 make가 어떤 뜻으로

쓰였는지 파악하면 되죠. 전쟁터에서 해내면(make) '살아남다'라는 의미가 되고, 인생에서 해내면(make) '성공하다'라는 의미가 됩니다. 문맥에 따라 구체적인 의미만 달라질 뿐 본질적인 그림은 변함이 없습니다. 아무런 근거 없이 의미를 갖는 단어는 없습니다. 그 근거는 결국 하나의 본질적인 그림에서 시작되는 거고요.

영어의 멋진 신세계!

제가 정말 좋아하는 말이 있어요.

> "
> 영어의 주인은 원어민이 아니라
> 영어를 쓰는 사용자다.
> "

그렇습니다. 영어의 주인은 미국인도, 영국인도 아닌 '영어를 쓰는 사람들'입니다. 우리가 영어를 주인처럼 쓰려면 반드시 영어의 본질을 이해해야만 해요. 영단어의 본질적인 그림을 이해하면 더이상 영어가 어려운 외국어가 아닌 생생한 우리말처럼 느껴질 거예요. 비로소 언어의 주인이 되는 거죠. 이제 영어의 멋진 신세계가 펼쳐질 겁니다. 기대하세요.

이 책은 동사, 전치사, 조동사 총 3개 파트로 구성했습니다.
<영알남> 유튜브 강의 영상, 예문 mp3와 함께 영단어의 그림을 익혀보세요.

영단어의 그림을 영알남의 친절한 설명과 이미지로 각인시켜 보세요.

QR코드를 찍으면 유튜브 동영상 강의를 볼 수 있습니다. (동영상 강의는 꾸준히 업로드할 예정으로 현재는 일부 강의가 제공되지 않을 수도 있습니다.)

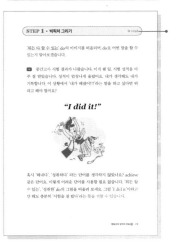

Step 1 • 빅픽처 그리기

상황과 문맥에 따라 영단어의 그림을 적용하는 과정을 친절한 설명으로 풀었습니다.

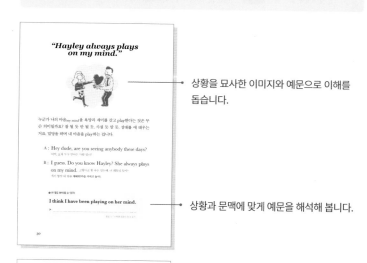

상황을 묘사한 이미지와 예문으로 이해를 돕습니다.

상황과 문맥에 맞게 예문을 해석해 봅니다.

Step 2 • 빅픽처로 말하기

앞서 배운 영단어의 그림을 떠올리며, 상황에 맞게 예문을 해석해 보세요.

차례

PART 1 ▶ 동사 빅픽처 그리기

PART 2 ▶ 전치사 빅픽처 그리기

PART 3 ▶ 조동사 빅픽처 그리기

PART
1

동사
빅픽처 그리기

예문 듣기

'사과'를 떠올려 보세요. 머릿속에 어떤 그림이 그려지세요? 먹음직스럽게
잘 익은 새빨간 사과가 떠오르지 않나요? 그렇다면 '사과'라는 우리말 단어
를 제대로 이해하고 있는 겁니다. 어린 시절로 돌아가 우리말을 배울 때를
생각해보면, 단어를 직접 써보고 체험하고 느끼면서 하나의 '관념'으로 각
인시켰죠. 그림을 새기듯 말이에요. 우리말을 익힌 방식으로 영어를 각인
시킨다면 절대 잊어버리지 않겠죠. 이제부턴 영단어의 그림에 집중하는 거
예요. 이번 파트에서는 회화에서 자주 사용되는 핵심동사 20개의 그림을
파헤쳐봅니다. 시작해 볼까요?

뭐든 할 수 있는
do

영단어 do, 모르는 사람이 거의 없을 겁니다. 그래서 공부할 필요도 없는 허접한 단어라고 생각하기 쉽죠. 하지만 do는 그렇게 단순한 녀석이 아닙니다. 생각보다 대단한 그림을 가지고 있죠. 저는 do의 그림을 이렇게 그려봅니다. **'뭐든 다 할 수 있는'**, **'무언가를 성취한'**. 그렇습니다. 우리는 do로 뭐든 다 할 수 있습니다.

▶ 유튜브 강의

'뭐든 다 할 수 있는' do의 이미지를 떠올리며, do로 어떤 말을 할 수 있는지 알아보겠습니다.

▶ 중간고사 시험 결과가 나왔습니다. 이게 웬 일. 시험 성적을 아주 잘 받았습니다. 성적이 엄청나게 올랐어요. 내가 생각해도 내가 기특합니다. 이 상황에서 '내가 해냈어!!!'라는 말을 하고 싶다면 뭐라고 해야 할까요?

"I did it!"

혹시 '해내다', '성취하다'라는 단어를 생각하지 않았나요? achieve 같은 단어요. 이렇게 어려운 단어를 사용할 필요 없습니다. '뭐든 할 수 있는', '성취한' do의 그림을 떠올려 보세요. 그럼 'I did it'이라고 만 해도 충분히 '시험을 잘 봤다'라는 뜻을 전할 수 있습니다.

A : How's your exam? 시험 어땠어?

B : It was good. I did it! 괜찮았어. 내가 해냈지!

★ 이 말도 해석할 수 있다!

(산 정상에 서서) **I did it.**

▶ ....

정답: 내가 정상에 올랐다(해냈다).

▶ 다른 상황을 살펴볼까요? 과제가 산더미처럼 많은 수업입니다. 친구가 과제 다 했냐고 물어보네요. 의기양양하게 '과제 다 끝냈지!' 라고 말하고 싶은데 '과제를 끝내다'라는 표현이 떠오르질 않습니다. 이 상황에서는 어떻게 말해야 할까요?

"I did my homework."

'끝내다finish'라는 단어를 쓸 수도 있습니다. 하지만 구체적인 동사

20

가 떠오르지 않는다면 '뭐든 할 수 있는' do 동사를 떠올려 보세요. I did my homework. 직역해도 전혀 이상함이 없는 표현이죠.

A : How's your homework going? 숙제 어떻게 하고 있어?

B : I did my homework! 나 숙제 끝냈어!

★ 이 말도 해석할 수 있다!

I did the shopping yesterday.

▶ ....

정답: 난 어제 쇼핑을 했어.

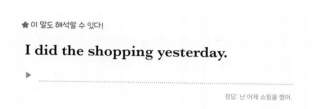 수학엔 영 소질이 없는 수포자가 이번 기말고사만큼은 성적을 잘 받고 싶어서 열심히 수학 공부를 하고 있습니다. '기말 수학 시험을 잘 보기 위해서 수학 공부를 한다.'는 말은 어떻게 할까요?

"I do math to do well on the final exam."

여기서는 수학math과 함께 쓰였기 때문에 '수학 공부를 하다'라는 표현이 되었습니다. 그리고 뒤에 나온 do well은 말 그대로 '잘 한다'가 됩니다. 그래서 기말고사the final exam를 '잘 본다'가 되겠죠. 뭐든 할 수 있는 do를 유연하게 활용하면 이렇게 복잡한 표현도 간단하게 말할 수 있습니다.

A : How's your life going these days? 요새 생활은 좀 어때?

B : These days, I am doing math to do well on the final exam. 요새 시험 잘 보려고 수학 공부하고 지내.

★ 이 말도 해석할 수 있다!

Do you do art?

▶ ....

정답: 그림을 그리시나요? (예술을 하시나요?)

▶️ 친구가 여자친구 이야기를 하다가 이렇게 말하네요.

"I do love her."

조금 이상합니다. '그녀를 사랑한다'는 말은 그냥 'I love her'이라고 하면 되는데 왜 굳이 'do'를 붙였을까요? 영어 동사에 do를 붙이면 강조표현이 됩니다. 이 또한 do의 그림을 알고 있다면 쉽게 이해할 수 있습니다. 그냥 사랑하는 게 아니라, '뭐든 할 수 있을' 만큼 사랑하는 거죠.

A : Tell me about your new girlfriend.
네 새로운 여친 이야기 좀 해봐.

B : Dude, I do love her.
임마, 나 (뭐든 할 수 있을 만큼) 진짜 그녀를 사랑해.

★ 이 말도 해석할 수 있다!

I do believe my girlfriend.

▶ ....

정답: 난 (뭐든 할 수 있을 만큼) 내 여자친구를 믿어. (believe를 강조)

do의 그림을 떠올리며 뜻을 유추해 보세요.

1. 소개팅이 있는 날. 머리에 힘을 주고 나가야겠다!

I will do my hair.

▶ ....

2. 머리 손질도 끝냈으니 이제 화장을 할 차례

I will do my makeup.

▶ ....

3. 음식을 한 입 먹었는데 황홀할 정도로 맛있을 때

I do like this food!

▶ ....

4. 스포츠브랜드 N사의 유명한 광고 문구

Just do it!

▶ ....

5. 자신은 없지만 하는 데까지 해 보겠다는 포부를 보일 때

I'll do my best.

▶ ....

정답: 1. 머리 손질을 할 거야. 2. 이제 화장을 해야지. 3. 이 음식 (뭐든 할 수 있는 만큼) 정말 좋아. 4. 그냥 하자!(뭐든 할 수 있다!) 5. 최선을 다 할 거야.

욕망의
play

play의 뜻은 '놀다' 일까요? 과연 그럴까요? 이 표현은 정말 주의해서 사용해야 합니다.

우리가 하는 대부분의 일에 욕망이 반영 되어 있습니다. 노는 것도 즐기려는 욕망이 있는 거고, 운동을 하는 것도 신체적 활동을 하려는 욕망이 있죠. play의 그림은 이와 밀접하게 연관되어 있습니다. 하는 일에 '욕망'과 '재미'가 반영된 그림이죠. 그래서 play를 동사로 사용할 때는 단순히 '놀다'가 아닙니다. '욕망을 갖고 재미를 추구하는' 그림을 그려야 합니다.

▶ 유튜브 강의

욕망과 재미가 담긴 play의 그림을 떠올리며 상황으로 들어가보겠습니다.

▶ '어제 남자친구랑 놀았어.'라는 말, 혹시 이렇게 하고 있진 않나요?

"I played with my boyfriend yesterday."

play의 그림을 떠올리면 이 문장이 얼마나 민망한 문장인지 알 수 있습니다. '어제 남자친구와 밥 먹고 영화 보고 놀았다.'는 말을 play를 사용해서 하면 성적인 관계를 가진다는 뜻이 될 수 있습니다. 보통의 데이트를 얘기할 때는 hang out나 go out을 사용합니다.

A : What did you do yesterday? 어제 뭐했어?

B : I just **played** with my boyfriend.
어제 남자친구랑 **놀았어**(므홋).

I played with Jess yesterday.

▶ ....

▶ 어제 연극을 한 편 보고 왔습니다. 무려 〈햄릿〉을 말이죠.

"I watched a famous play yesterday."

play는 명사로는 '연극', '연기', 동사로는 '연기하다'라는 의미로 쓰입니다. 이유가 무엇일까요? 연극play은 어떤 이야기를 재미있게 전달하는 공연입니다. 이야기를 재미있게 전달하는 행동이 바로 연기play고요. 여기에는 재미를 추구하는 욕망이 있겠죠? 재미를 추구하는 '욕망'의 그림 play와 완전히 똑같죠?

A : Have you ever watched the play called Hamlet?
연극 〈햄릿〉 봤어?

B : Yea! The main actor who played Hamlet was
awesome. 응! 햄릿을 연기한 주연 배우가 훌륭하더라.

★ 이 말도 해석할 수 있다!

(혜화역 근처에서) **Is this street famous for plays?**

▶ ....

정답: 이 거리가 연극으로 유명한가요?

▶️ 이번에 새롭게 임명된 정부 주요 인물에 대해서 이야기를 하고
있습니다. 미국인 친구가 이렇게 말하네요.

"He's playing a very significant role in the Korean economy."

어떤 역할을 한다는 것은 단순히 연기를 할 때만으로 국한되지 않습니다. 욕망을 가지고 무언가를 하는 그림은 '맡은 역할을 한다'는 뜻으로 확장될 수 있어요. '역할을 한다'는 건playing a role 역할에 대한 임무를 수행한다는 거잖아요. 자신이 해야 할 일을 하는 거죠. 임무를 수행하는 데는 기본적으로 욕망이 있어야 해요. 임무를 잘 수행해내서 성공하고 싶은 그런 욕망이요. 그래서 여기서 play는 '역할을 하다'라는 의미로 쓰일 수 있는 거예요. 위의 예문을 해석해 보면, '그는 욕망을 가지고 중요한 역할을 한다He's playing a very significant role 한국의 경제에서in the Korean economy'라고 할 수 있습니다.

A : Who should play the major role?
누가 주요한 **역할을 해야 해**?

B : I personally think the government should play the most significant role in our economy.
내 개인적인 생각으로는 정부가 우리 경제에서 중요한 **역할을 하는** 게 좋다고 봐.

★ 이 말도 해석할 수 있다!

Diet and exercise play a role in weight loss.

▶ ....

정답: 식단조절과 운동이 살을 빼는데 기여한다(역할을 한다).

▶ 욕망을 가지고 재미를 추구하는 play는 연애를 할 때도 자주 쓰입니다.

"Hayley always plays on my mind."

누군가 나의 마음my mind을 욕망과 재미를 갖고 play한다는 것은 무슨 의미일까요? 잘 될 듯 안 될 듯, 사귈 듯 말 듯, 상대를 애 태우는 거죠. 밀당을 하며 내 마음을 play하는 겁니다.

A : Hey dude, are you seeing anybody these days?
어이, 요새 누구 만나는 사람 있냐?

B : I guess. Do you know Hayley? She always plays on my mind. 그렇다고 할 수는 있는데. 너 헤일리 알지?
걔가 항상 내 맘을 **애태워(마음 가지고 놀아).**

★ 이 말도 해석할 수 있다!

I think I have been playing on her mind.

▶ ....

정답: 난 그녀에게 밀당만 한 것 같아.

30

play의 그림을 떠올리며 뜻을 유추해 보세요.

1. 집안에서 공놀이를 하는 아이들에게 따끔하게 한마디 할 때

Hey guys, play with a ball outside!

▶ ....

2. 영화랑 연극 중 뭘 볼지 고민하며 친구의 의견을 물을 때

Hey, which one do you like better, movies or plays?

▶ ....

3. 연극에서 작은 역할을 맡고 있는 배우의 자기소개 중에서

I am playing a part in the play "Finding Kim Jong-Wook."

▶ ....

4. 밀당하는 남자친구 때문에 친구에게 하소연을 할 때

My boyfriend plays on my mind these days.

▶ ....

5. 할 일이 산더미인데 친구가 놀자고 조른다. 고민의 순간

I haven't finished my assignment yet. I need to play for more time so I can finish it.

▶ ....

정답 : 1. 얘들아, 공 가지고 밖에 나가서 놀아! 2. 야, 영화랑 연극 중에 뭐가 더 나아? 3. 연극 '김종욱 찾기'에서 작은 역할을 하고 있습니다. 4. 요새 남자친구가 내 마음 가지고 놀아(밀당). 5. 내 숙제를 아직 끝내지 못했어. 숙제 끝내려면 시간이 더 필요해.

진행하는

run

run은 당연히 '달리다'라고 생각하셨나요? 완전히 틀리진 않았습니다. 하지만 영단어의 본질적인 그림을 이해하면 훨씬 더 큰 폭으로 해석할 수 있죠. run은 '진행하는' 그림을 갖고 있습니다. 어떤 일을 진행한다는 관점에서 크게 보면, 계획을 실천하고 있거나(run a task), 회사를 경영한다거나(run a business), 학교를 향해 빠르게 가고 있는 것(run to school) 모두 진행하는 그림에서 나왔다고 볼 수 있어요.

▶ 유튜브 강의

'진행하는' run의 이미지를 떠올리며 run의 다양한 쓰임을 살펴보 겠습니다.

▶ 몇 년 만에 우연히 마주친 친구와 서로 근황을 묻고 있습니다. 친구에게 어떤 일을 하냐고 물어봤더니 이렇게 대답하네요.

"I am running my own business."

'나는 뛴다, 내 사업을?' run을 '뛰다'라는 뜻으로만 알고 있으면 '사 업을 위해 뛴다'는 말로 착각할 수 있죠. 하지만 run의 본질적인 그 림을 생각해 보세요. '내 사업을my own business 진행하는running' 의미 입니다. 그래서 이 맥락에선 run이 '운영하다'라는 의미가 될 수 있 는 겁니다.

A : What does Chul-gu do for a living?
철구 요새 무슨 일 하면서 지내?

B : He's **running** his own business.   걔 요새 사업하고 있어.

★ 이 말도 해석할 수 있다!

(가출을 한 친구가 하는 말) **I want to run my own life,
but my father always tries to run my life.**

▶ ....

정답: 내 인생은 내가 살고 싶어. 그런데 우리 아버지가 항상 내 인생에 간섭하려 하셔(내 인생을 진행하려 하셔).

▶ 영국 여행을 왔습니다. 까다로운 입국 심사를 무사히 마치고
떠나려는 순간, 입국 심사관이 이렇게 말합니다.

*"Your visa runs
for three months."*

당연히 '비자가 3달 동안 뛰다'라는 뜻은 아니겠죠? run의 '진행하

는' 그림을 생각하면 쉽습니다. '비자가 3달 동안 진행되는', 즉 '비자
가 3달 동안 유효하다'는 의미입니다.

A : Your visa runs for three months.
  당신의 비자는 3달간 유효합니다.

B : Ahh, okay. Have a nice day sir!
  아, 알겠습니다. 즐거운 하루 되십시오!

★ 이 말도 해석할 수 있다!

This political issue will run on and on.

▶

정답: 이 정치적 이슈는 계속될 듯 하다.

▶ '진행하는' 그림의 run은 물리적인 의미로도 쓰일 수도 있습니다.

"A deer is running away from a tiger."

'진행하는' 그림의 영단어 run이 대상으로부터from 멀어지는away 그림의 단어들과 함께 쓰였습니다. 사슴이a deer 호랑이a tiger로부터from 멀어지며away 진행하는running 거죠. 즉, '사슴이 호랑이로부터 도망치고 있다'는 의미가 됩니다.

A : I think we have to be cautious when we are traveling around other countries.
내 생각에 다른 나라 여행을 할 때는 항상 주의해야 할 것 같아.

B : Agreed. I was able to run away from a dangerous situation last year.
맞아. 내가 작년에 위험한 상황도 피할 수 있었지.

★ 이 말도 해석할 수 있다!

I ran away from school yesterday.

▶ ....

정답: 나 어제 학교 땡땡이 쳤어. (학교로부터 멀어져서 진행하는 그림)

▶ 영알남이 유튜브 영상을 촬영하다가 이렇게 말하네요?

"I'm running my video."

이 문장의 run은 상황과 문맥에 따라 다양한 의미로 해석할 수 있습니다. 영상을 촬영하는 입장에서는 '촬영하다', 연기를 하는 입장에서는 '연기하다', 편집을 한다면 '편집하다'가 될 수 있죠. 영단어는 문맥에 따라 의미가 완전히 바뀔 수 있으므로 누가 무엇을 '진행하는지_{run}'를 파악해서 해석해 주세요.

A : Okay, I will be taking your video with my camera. 좋아, 내가 내 카메라로 영상 촬영해 줄게.

B : Thanks mate. I always need someone who runs the video. 고맙다 친구. 난 항상 영상 찍어줄 사람이 필요했거든.

★ 이 말도 해석할 수 있다!

(영알남이 영상 편집을 하고 있다) **I am running editing program now.**

▶ ....

정답: 난 지금 영상편집 프로그램을 사용하고 있어.

run의 그림을 떠올리며 뜻을 유추해 보세요.

1. 여자친구에게 잡혀 사는 친구가 하는 말

She always tries to run my life.

▶ ....

2. 연구소에 새롭게 임명된 수석 과학자가 하는 말

I'm thinking of running a new research team.

▶ ....

3. 내 인생은 내가 책임지는 자립심 있는 사람이 되고 싶다!

I really want to run my life on my own.

▶ ....

4. 전학 온 학교에서는 여름 특강을 한다고 한다.

This school runs a summer program during the vacation.

▶ ....

5. 친구들에게 요새 영알남 뭐하고 지내냐고 물어보니

He's running his own YouTube channel these days.

▶ ....

: 정답: 1. 여자친구가 항상 내 인생을 통제하려고 해. 2. 새로운 연구 팀을 운영할 생각을 하고 있습니다. 3. 나는 내 인생을 스스로 책임지고 싶어. 4. 이 학교는 방학 동안 여름 특강을 운영한다. 5. 걔 요새 자기 유튜브 채널 운영해.

소유하면 할 수 있는
have

have는 '갖다'라는 의미일까요? 틀리진 않습니다. 하지만 이 녀석도 본질적인 그림을 이해하고 있어야 다양한 의미를 이해할 수 있어요. have 동사는 소유욕을 가지고 있습니다. 그래서 have의 그림은 바로 '무엇이든 소유하는', 더 나아가 '소유하면 무언가를 할 수 있는' 그림입니다.

▶ 유튜브 강의

'소유하는', 그리고 '소유하면 무언가를 할 수도 있는' have의 그림을 떠올리며 이제 동사 have를 어떻게 쓸 수 있는지 알아보죠.

▶　최근에 친해진 영국인 친구가 한 명 있습니다. 그 친구랑 이런 저런 수다를 떨다가 연애 이야기를 하게 되었는데요, 갑자기 친구가 이렇게 묻는 거예요.

"Do you have a girlfriend?"

소유욕이 있는 have를 사용했습니다. 사람을 '소유한다'는 것이 좀 이상하게 들릴 수 있지만, 여자친구를 소유했냐는 것은 여자친구가 있냐는 것이죠. 친구를 소유한다have some friends는 말 역시 '친구가 있다'는 뜻이고요.

  A : Do you have a girlfriend?　여자친구 있어?

  B : No, I just have some female friends....
　　　아니, 난 그냥 여자 사람 친구만 몇 명있는데……

Do you have any money?

▶ ....

▶ 수업 끝나고 집에 돌아가는 길에 친구를 마주쳤습니다. 친구가 갑자기 물어보네요.

"Do you want to
have something to eat?"

'음식을 소유한다have something to eat'? 약간 어색하죠? 하지만 have 의 그림을 생각하면 쉽게 이해할 수 있죠. have는 '뭔가를 소유하면 그것을 할 수도 있는' 그림을 가지고 있죠. 그래서 음식을 소유하고 그 음식을 할 수도 있다는 의미입니다. 음식을 소유하면 뭘 할 수 있을까요? 먹을 수 있겠죠. 즉, 'have something to eat'는 '음식을 먹다' 라는 의미로 이해할 수 있습니다.

A : Hey, do you want to **have** something to eat?

뭐 좀 먹을래?

B : Sorry, I just **had** lunch. 미안. 나 점심 먹은 지 얼마 안 됐어.

★ 이 말도 해석할 수 있다!

I want to have some rest.

▶ ....

정답: 나 좀 쉬고 싶어.

▶️ '사역동사'라고 들어보셨나요? '시키는 동사'라고 외우곤 했죠. have도 사역동사 중 하나라고 배우는데요, 사실 have의 기본적인 그림을 이해하면 사역동사니 뭐니 따로 분류해서 외우지 않아도 됩니다.

"I will have you arrested."

have는 '소유하면 그것을 하는' 그림을 가지고 있어요. 이 그림을 가지고 이 표현을 해석해 볼까요? 나는 너를 소유해서 할 것이다I will have you. 무엇을 할까요? '체포되게arrested' 하는 거죠. 즉, '나는 너를 체포되게 할 것이다.'라는 의미입니다.

A : You are no match for me. 넌 나한테 안 돼.

B : I swear I am going to have you arrested.
맹세컨대 너를 반드시 감방에 처 넣을 거야.

★ 이 말도 해석할 수 있다!

At all costs, I will have you break up with your girlfriend.

▶ ....

정답: 무슨 수를 써서라도, 나는 네가 여자친구와 헤어지도록 만들 것이다.

▶ '소유하면 그것을 할 수도 있는' have의 그림은 have to라는 조동사에도 적용할 수 있습니다.

"I have to submit my paper by Friday."

'~해야 한다' 라고 외운 have to는 사실 have와 to가 가진 본질적인 그림의 조합입니다. '소유하면 할 수도 있는' have에 '향하는 방향성'을 지닌 to가 추가된 거죠. 뭔가를 하는데 그냥 하는 게 아니에요. 그 목표로 향하는 방향성이 추가된 거죠. 그 결과, 의지와 당위성이 훨씬 강해졌습니다. 그래서 have to는 안 하면 불이익이 따를 수도 있는 뉘앙스의 '해야 한다'라는 의미가 됩니다.

A : Do you want to go out tonight? 오늘 밤 달릴까?

B : I'm afraid I can't. I have to submit my paper by Friday.
미안한데 못 갈 것 같아. 금요일까지 과제 제출해야 하거든.

★ 이 말도 해석할 수 있다!

You have to follow the rules here.

▶ ....

정답: 당신은 반드시 여기 규칙에 따라야 합니다. (안 따르면 처벌받는 어감)

have의 그림을 떠올리며 뜻을 유추해 보세요.

1. 바빠 죽겠는데 친구에게 전화가 왔다.

I don't have time to talk right now.

▶ ....

2. 저녁에 수술을 앞둔 의사가 동료의 식사 제안을 거절하며

I am having an operation tonight.

▶ ....

3. 나를 괴롭히는 친구들에게 분노의 한마디!

I will have you guys all punished.

▶ ....

4. 영어를 못한다고 무시하는 친구에게 이를 갈며

I will have you know that I can speak better
English than you can.

▶ ....

5. 통금을 지키려면 막차를 놓치지 않아야 한다!

I have to take the last train because of my curfew.

▶ ....

정답 : 1. 통화할 시간이 없어. 2. 오늘 저녁에 수술이 한 건 있어. 3. 너희들 모두 혼나게 만들 거야. 4. 너보다 영어 훨씬
잘한다는 사실을 깨닫게 해줄게(I'll have you know; 알깨워 주다). 5. 통금 때문에 막차 타야 돼(막차 안 타면 불이익이 생길
수 있는 어감).

강한 소유욕의
take

당장 사전을 찾아보면 take는 '취하다'라는 의미 외에 40개가 넘는 다양한 의미가 있어요. 그래서 한 가지 우리말 의미로 정의할 수도 없고 40개 중에 어떤 뜻으로 해석해야 할지도 모르겠죠. 이럴 때일수록 영단어의 본질적인 그림으로 돌아가야 합니다. **take는 기본적으로 '소유'의 그림을 가지고 있습니다. '소유욕이 강해서 내 것이 되는 그림'**이라고 생각해 보세요.

▶ 유튜브 강의

'소유욕이 강해서 내 것이 되는' take의 이미지를 떠올리며 재미있는 비교해 보겠습니다.

▶ 이전 챕터에서 다룬 '소유하면 할 수 있는 have', 기억나시죠? 이제 보니 have와 take 둘 다 소유의 그림을 가지고 있네요. 어떤 차이가 있을까요?

"I will take a pen."

have와 take, 둘 다 소유의 그림이기는 합니다. 그런데 have는 '소유하면 ~할 수 있는' 그림입니다. 반면에 take는 '소유하면 내 것이 되는', 강한 소유욕의 그림을 가지고 있습니다. 그래서 I will have a pen.의 경우, 막연하게 '나는 펜을 가지고 있을 거야.'라는 의미이고 I will take a pen.의 경우, '(강한 의지로) 나는 펜을 가질 거야.'라는 의미가 됩니다. 소유욕이 무척 강하기 때문에 어떻게든 펜을 갖고야 말겠다는 어감을 주죠.

A : Are you seeing anybody these days?
요새 만나는 사람 있어?

B : Nope, but I will have a girlfriend soon.
아니, 근데 여자친구 곧 생길 거 같아.

Nope, but I will take a girlfriend.
아니, 근데 어떻게든 여자친구 갖고야 말 거야.

★ 이 말도 해석할 수 있다!

Some upper grade students took money from younger students.

▶ ....

▶ 강한 소유욕으로 내 것이 되는 take로 동작을 표현할 수도 있습니다.

"I took a pill in Ibiza."

pill은 보통 '알약'을 지칭하는데, 광란의 파티를 벌이고 있는 상황에선 '마약'을 의미합니다. '강한 소유욕으로 마약이 내 것이 된I took a pill' 그림이죠. '마약을 복용한다'는 의미로 해석할 수 있죠. 그래서 I took a pill in Ibiza.는 '이비자에서 마약을 했다'라는 의미입니다.

A : Have you tried drugs before? 마약 해 본 적 있냐?

B : This is just on the quiet, but I took a pill in Ibiza.
이건 비밀인데, 나 이비자에서 약 해 봤어.

★ 이 말도 해석할 수 있다!

Let's take a five-minute break.

▶ ....

정답: 5분만 쉬자. (5분 쉬는 시간을 소유해서 우리 것으로 만들자)

▶️ 소유해서 내 것이 되는 건 대상을 움직이게 할 수도 있습니다.

"My mum always takes me to school and takes me back home."

엄마가 나를 소유해서mum takes me 학교로 향합니다to school. 그리고 다시 나를 소유해서takes me 집으로 돌아오는back home 거죠. 대상을 소유하면 그 대상으로 뭔가를 하는 그림까지 그려지죠?

A : Are you enjoying your school life? 학교 생활 재미있나?

B : Not really. My mum always takes me to school and takes me back home. It's like being watched by the secret police. 아니 별로. 우리 엄마가 항상 학교까지 데려다 주고 다시 데리러 와. 비밀 경찰한테 감시 당하는 것 같다니까.

★ 이 말도 해석할 수 있다!

You shouldn't take it so hard.

▶ ....

정답: 너무 힘들게 받아들일 필요 없어. (소유해서 힘들게 네 것으로 만들지 마)

▶ take는 다른 단어와 조합되어 사용되는 경우도 많습니다.

"The next World Cup is going to take place in Qatar."

take가 장소를 나타내는 place와 함께 쓰였습니다. take place는 장소를 소유해서 내 것으로 만드는 의미입니다. 장소를 소유했으니 그 장소에선 무엇이든 할 수 있겠죠? 어떤 일이나 행사를 열 수도 있고요. 그래서 take place는 어떤 일이 '발생하다', '일어나다'라는 뜻이 됩니다. '다음 월드컵은the next World Cup is going to 장소를 소유해서 벌일 것이다take place 카타르에서in Qatar' 라고 이해할 수 있겠네요.

A : I think the 2022 World Cup might take place in South Korea.

내 생각에 2022 월드컵은 한국에서 열릴 수도 있을 것 같아.

B : Unfortunately, it has already been decided. The next World Cup is going to take place in Qatar. 안타깝게도 이미 정해졌어. 다음 월드컵은 카타르에서 열릴 거야.

★ 이 말도 해석할 수 있다!

The meeting will take place in the new restaurant this time.

▶ ....

정답: 이번엔 회의가 새로운 레스토랑에서 열릴 거야.

take의 그림을 떠올리며 뜻을 유추해 보세요.

1. 어제 술자리를 회상하면서

I took alcohol and finally alcohol took me.

▶ ....

2. 친구의 여자친구가 너무 예쁘다. 이러면 안 되는데

I am jealous of him. I will take her from him.

▶ ....

3. 우울증에 시달리던 남자가 결국 극단적인 선택을 했다.

He finally took his own life.

▶ ....

4. 모든 일을 너무 심각하게 받아들이는 친구에게 한마디

Don't take it so seriously.

▶ ....

5. 한국 대통령 선거 제도에 대해 궁금해하는 외국인 친구에게

In Korea, a presidential election takes place every five years.

▶ ....

: 정답: 1. 내가 술을 마셨다 그리고 결국 술이 나를 마셨다(집어삼켰다). 2. 걔한테 몹시 질투가 난다. 그녀를 빼앗을 것이다.
3. 그는 마침내 목숨을 끊었다. 4. 너무 심각하게 받아들이지 마. 5. 한국에서 대통령 선거는 매 5년마다 있다(발생한다).

06

움직이는

get

get하면 바로 떠오르는 의미는 '얻다'이죠. 하지만 get은 '얻다'로 퉁(?)치기엔 너무 위대한 단어랍니다. 저는 get의 그림을 이렇게 그립니다. '움직이는' 그림. 물리적인 움직임뿐만 아니라 감정이나 추상적인 아이디어까지, 모든 종류의 움직임을 포괄하는 단어가 바로 get 입니다.

움직이는 그림의 get, 머릿속에 이미지를 떠올리며 다양한 상황을 살펴봅시다.

▶ 당신은 지금 친구들과 하우스 파티를 하고 있습니다. 떠들썩한 분위기, 집안에 가득찬 음악, 완벽한 분위기입니다. 분위기가 무르익어 갈 즈음 갑자기 한 친구가 소리칩니다.

"I gotta(I have got a) feeling!"

feeling은 '기분'입니다. 소위 '필 받았다' 할 때의 '필' 입니다. get의 움직이는 그림에 주목하면 I get은 내가 움직인 거죠. 어디로 움직였을까요? 필a feeling로 움직였습니다. 다시 말해, 내가 필을 받은 거죠.

　A : Cheers, mate!　친구, 건배!

　B : Cheers! I gotta[I have got a] feeling!　건배! 아 삘 받는다!

또한, I got a feeling 다음에 that 구문을 붙이면 'that 구문을 할 것 같은 기분이 든다'라는 의미가 됩니다. 아래 문장에서 확인해 보세요.

★ 이 말도 해석할 수 있다!

I got a feeling that I should study English.

▶ ....

정답: 영어 공부를 해야 할 것 같은 기분이 들어(필 받아).

▶ 한국에 처음 방문한 외국인이 있습니다. 지도를 열심히 살펴보며 주변을 두리번거립니다. 딱 봐도 길을 못 찾고 있는 것 같네요. 그가 갑자기 당신에게 다가와 말을 걸 겁니다.

"How can I get to Seoul City Hall?"

해외에 나가면 가장 많이 쓰는 표현 중 하나가 바로 이겁니다. 여기서 get을 '얻다'라고 번역하면 '시청을 얻는다'는 어이없는 표현이 됩니다. 하지만 get이 가진 움직임의 그림을 생각하면 간단하게 이해할 수 있습니다. 내가 어떻게How can I 움직일 수 있나요get 서울 시청으로to Seoul City Hall? 즉, '서울 시청으로 어떻게 갑니까?' 라는 표현이 되죠. 길 묻기 만능 표현인 'How can I get to ~?', get의 그림을 이해하면서 사용하면 좋겠죠.

A : How can I get to Seoul City Hall?
서울 시청 어떻게 가나요?

B : You can get there by subway.   지하철로 가실 수 있습니다.

★ 이 말도 해석할 수 있다!

This parcel will probably get to Manchester in two weeks.

▶ ....

정답: 이 소포는 아마 맨체스터로 2주 뒤에 갈 겁니다.

▶ 물리적 움직임뿐 아니라 모든 종류의 움직임을 표현하는 get으로 건강 변화(움직임)도 표현할 수 있습니다.

"I'm getting better these days."

내가I'm 움직이는getting 거죠? 더 나은better 상태로요. 예를 들어, He got his hands dirty.라고 하면, 그의 손이 움직인 거죠he got his hands. 어디로 움직였나요? 더러운dirty 상태로요. 그래서 '그가 손을 더럽혔다' 즉, '궂은(나쁜) 일을 했다'라는 의미가 됩니다.

A : Jiwon told me that you aren't feeling well these days. 지원이가 너 요새 상태가 안 좋다고 하더라.

B : Yea, I haven't been, but I am getting better now. 응, 요즘 안 좋아. 근데 지금은 많이 나아지고 있어.

★ 이 말도 해석할 수 있다!

Let's get moving! It's getting late!

▶ ....

정답: 움직이자! 늦어지고 있어!

▶ 원어민들과 대화를 하다 보면 이런 말을 정말 자주 듣습니다.

"I got it."

get을 '얻다'라고만 외우면 이런 의문이 생길 수 있어요. '아니, 자꾸 뭘 얻었다는 거야?' 하지만 get의 움직이는 그림을 이해하면 쉽습니다. 대화를 하는 중이니 it은 '상대방이 하는 말'이겠죠. 그러므로 내가 움직였다ı got, 네가 하는 말로it 라는 의미가 됩니다. 상대방의 말로 움직였다는 건 상대방의 말을 '이해했다'는 뜻이겠죠?

A : You can **get** your cell phone back in 2 weeks.
   Do you understand? 2주 뒤에 휴대폰 돌려받을 수 있다. 이해했나?

B : I **got** it, sir. 네, 이해했습니다.

★ 이 말도 해석할 수 있다!

I cannot get his jokes.

▶ ....

정답: 걔 농담 이해 못하겠어. (걔의 농담으로 움직이지 못하는 의미)

58

get의 그림을 떠올리며 뜻을 유추해 보세요.

1. 수학 공부를 한 덕분에 처음으로 수학 성적을 잘 받았다!

   I got an A$^+$ on the math exam last week.

   ▶ ....

2. 이 기차를 놓치면 지각이다!

   Let's get on the train!

   ▶ ....

3. 나의 출근 시간을 묻는 소개팅녀에게

   I usually get to the office before 9 a.m.

   ▶ ....

4. 친구가 계속 나를 놀릴 때

   I'm getting mad now....

   ▶ ....

5. 선생님의 설명을 들었는데 도무지 이해할 수 없을 때

   I don't get it. Could you explain it please?

   ▶ ....

: 정답: 1. 지난 주에 수학 시험에서 A$^+$ 받았어. 2. 빨리 열차 타자! 3. 회사에 보통 9시 이전에 가요. 4. 점점 화가 난다 지금.... 5. 이해가 안 돼요. 다시 설명해 주실 수 있으신가요?

뭐든 해내는
make

make는 당연히 '만들다'라고 생각하셨죠? 저도 예전엔 그렇게 생각했어요. 하지만 영어와 우리말을 일대일 대응으로 외우면 곤란하다는 사실, 이제 아시죠? 최초 공개하는 make의 그림입니다. **make는 '뭐든 해내는, 성공한 결과를 내는' 그림을 가지고 있습니다.** 힘겹게 산 정상에 올라간 사람의 이미지를 떠올려 보세요. 그게 바로 make의 기본적인 그림입니다.

▶ 유튜브 강의

'뭐든 해내는', '성공한 결과를 내는' make의 그림을 생각하며 다양한 상황 속 make의 뜻을 확인해 볼게요.

▶️ 전쟁터로 파견된 세 명의 군인 중 두 명만 살아 돌아왔습니다. 나머지 한 명은 어떻게 됐냐고 묻자, 만신창이의 군인 둘이 이렇게 대답합니다.

"He couldn't make...."

굉장히 슬픈 상황인 것 같은데, 이해가 되지 않습니다. 'He couldn't make....? 뭘 만들지 못했다는 거지? 이 표현은 '뭐든 해내는', '성공한 결과를 내는' make의 기본 그림을 생각하면 한방에 이해할 수 있습니다. 전쟁터에서 군인이 '해내지 못한', '성공하지 못한' 상황이라면, 살아서 돌아오지 못한 것입니다. 그래서 He couldn't make....는 '그는 살아 돌아오지 못했어....' 라는 의미입니다.

A : What happened to Sergeant Hershey?

허쉬 병장은 어떻게 된 거야?

B : He couldn't make it....

그는 살아 돌아올 수 없었어… (해내지 못했어…)

★ 이 말도 해석할 수 있다!

(수술을 마친 의사가) **Despite a long operation, the patient couldn't make it.**

▶ ···

정답: 오랜 수술을 했지만, 환자는 생존하지 못했습니다.

▶ 드디어 기말고사가 끝났습니다. 결과와 상관없이 기분은 상쾌하네요. 그런데 갑자기 반 꼴찌를 전담하던 친구가 이렇게 외칩니다.

"I made it!"

반 꼴찌가 뭘 만들었길래 저런 말을 할까요? make의 '해내는', '성공

하는 결과를 내는' 그림을 생각해 봅시다. 시험이 끝난 상황에서 해 냈다는 것은 시험을 잘 봤다는 말이겠죠. 이 표현은 시험이 끝난 해 방감에 '시험이 드디어 끝났다!', '해냈다!'는 의미가 될 수 있어요.

A : Are you done with the finals? 기말고사 끝났어?

B : Yeah, I made it! 응, 해냈어! (잘 봤어!)

★ 이 말도 해석할 수 있다!

(수술을 끝낸 의사가) I finally made it!

▶ ....

정답: 결국 수술을 성공할 수 있었어요! (해내는, 성공한 결과를 낼 수 있었다)

▶ make는 다른 대상에게 해내게 할 때도 쓰일 수 있습니다. 우리 가 '사역동사'라고 알고 있는 make의 뜻이 바로 이것이죠.

"I really want to make Hayley love me."

나는 정말 헤일리에게 결과를 내고 싶습니다I really want to make Hayley. 나를 사랑하는love me 결과를요. 즉 '헤일리가 나를 사랑하도록 만들고 싶다'는 말이겠죠?

A : Hey bro, have you ever loved someone secretly?
암마, 짝사랑 해 본 적 있나?

B : Yea man. I really want to make Hayley love me.
응. 헤일리가 나를 사랑하게 만들고 싶어.

★ 이 말도 해석할 수 있다!

Your advice always makes me feel courageous.

▶

정답: 너의 조언은 항상 나를 용감하게 만들어 줘. (내가 용감해지는 결과를 냄)

▶ 친구에게 선물을 줬는데, 이렇게 답하네요.

"You made my day!"

'You made my day.'는 흔히 '네가 나의 하루를 행복하게 줬어.'라는 숙어로 외우곤 합니다. 하지만 make의 본질적인 그림을 알면 달달 달 외우지 않아도 되는 표현이죠. 네가 '해내는', '성공한 결과를' 냈습니다you made. 뭘 해내고 성공했나요? 나의 하루를요my day. 나의 하루를 성공한 결과로 해냈다는 건, 하루를 완벽하게 행복하게 해 준 거나 다름 없겠죠?

A : I bought it from Topshop on my way home.
집에 오는 길에 탑샵에서 샀어.

B : You made my day!
덕분에 하루가 행복해! (하루를 성공시킨 결과를 내게 해 줌)

★ 이 말도 해석할 수 있다!

He will never make the national football team.

▶ ....

정답: 그는 국가대표 축구팀에 들어갈 수 없을 거야. (국가대표 축구팀을 해낼 수 없음)

make의 그림을 떠올리며 뜻을 유추해 보세요.

1. 편집자가 작가에게 원고 마감을 독촉하며

Can you make it by tomorrow?

▶ ....

2. 독자적인 레시피 연구에 도전하던 요리사가 마침내…

I finally made it!

▶ ....

3. 허브티를 마시던 영국인이 감격스러운 목소리로

This hot tea makes me feel better.

▶ ....

4. 해외여행 계획을 짜며 친구에게 호텔 예약을 맡기며

Please make sure you make a reservation.

▶ ....

5. 오늘이 어버이날인 걸 깜빡했다!

I have to make a call to my mum.

▶ ....

:정답 : 1. 내일까지 원고 제출 가능하시겠어요? 2. 마침내 요리를 완성했다! 3. 따뜻한 차가 내 기분을 낫게해 준다. 4. 예약하는 거 확실히 해 줘. 5. 엄마한테 전화를 해야 해.

가까이 다가가는

come

come은 누구나 아는 기초단어입니다. 하지만 come의 그림을 단순하게 '오다'라고 생각하면 안 됩니다. 저는 come의 그림을 이렇게 그립니다. 대상으로 '가까이 다가가는' 그림. 여기서 중요한 것은 '가깝다'는 것입니다.

유튜브 강의

'가까이 다가가는' come의 그림을 생각하며, come이 쓰이는 다양한 상황을 살펴보죠.

▶ 친구를 만나러 약속 장소로 가는 길입니다. 교통 체증이 심해서 약속 시간을 못 지킬 것 같습니다. 때마침 친구에게 전화가 오네요. 친구가 어디냐고 버럭 화를 냅니다. 이 상황에서 뭐라고 해야 할까요? 두 가지 대답 중에 골라 보세요.

"I'm going!" vs "I'm coming!"

'나 가고 있어!'를 직역하면 I'm going!이 맞을 것 같죠? 하지만 go는 '멀리 떨어져 가는' 그림이에요. 너에게, 혹은 그곳으로 '가고 있다'는 표현에는 '가까이 다가가는' 그림의 come이 더 잘 어울리죠. 기본 그림을 생각하면 "I'm coming!"은 '내가 가까이 다가가고 있다.' 즉 '나 가고 있어.'라는 의미가 되는 거죠.

A : The movie is about to start. Where are you now?

영화 막 시작하려고 해. 너 어디야?

B : I'm coming! 나 가고 있어!

잘못된 예시

A : The movie is about to start. Where are you now?

영화 막 시작하려고 해. 너 어디야?

B : I'm going. 나 가고 있어. (멀리 떨어져 감)

A : What? Where are you going now? 뭐? 어디 가는데?

★ 이 말도 해석할 수 있다!

Santa Claus is coming to town.

▶ ....

정답: 산타 할아버지가 마을에 오신다. (마을로 가까이 다가감)

▶️ 오랜만에 동창회가 열렸습니다. 반가운 얼굴들이 모여서 서로 안부를 묻네요. 그중 어릴 때부터 사업가가 되고 싶어한 친구가 사업으로 크게 성공했다고 해요. 그 친구에게 이렇게 말할 수 있습니다.

"Finally you had your dream come true."

꿈이dream 가까이 다가온come 거죠. 어디로요? 실제로true요. 그래서 a dream come true는 '실현이 된 꿈'이라는 의미를 갖습니다. 그래서 '마침내finally 너는you 갖게 되었다had 너의 실현된 꿈을your dream come true'이라는 의미로 해석할 수 있습니다.

A : I'm running my own social network business.

난 소셜네트워크 관련 내 사업을 하고 있어.

B : Wow, finally you had your dream come true!

와, 결국 꿈을 실현시켰구나!

★ 이 말도 해석할 수 있다!

This football match will come alive in the second half.

▶ ....

정답: 이 축구 경기는 후반전에 생생해질 듯해. (생생한(alive) 상태로 다가가는 그림)

▶ '가까이 다가가는' come의 그림을 이해하면 숙어도 어렵지 않습니다.

"Water does not come out from the tap."

come out은 성소수자들이 커밍아웃coming out하는 의미로 흔히 알고 있는 데요. 하지만 '가까이 다가가는' come과 '바깥을 향하는' out의 그림을 조합해 보세요. come out은 '보이지 않던 존재가 밖으로 나오는', 마치 '모습을 드러내는' 그림이 되죠. 즉 물water이 밖으로 나오지 않는 거죠does not come out 수도꼭지에서요from the tap.

A : Hello, Manchester Apartment's maintenance team, how may I help you?
안녕하세요 맨체스터 아파트 관리실입니다. 무엇을 도와드릴까요?

B : I turned on the tap, but water does not come out from the tap.
물을 틀어 봤는데, 수도꼭지에서 물이 나오지 않아요.

Your DNA test result is going to come out in 2 weeks.

▶ ....

▶️ '가까이 다가가는' come의 기본 그림을 이해하고 있다면, 어떤 숙어가 나와도 어렵지 않게 이해할 수 있습니다. 휴대폰을 바꾸려고 매장에 방문했어요. 아이폰과 갤럭시를 비교하며 알아보고 있는데 직원이 이런 말을 하네요.

"The latest LG phone model has just come into the market."

'가까이 다가가는' come과 특정 공간 '안으로 향하는' into가 결합 됐네요. LG 휴대폰의 최신 모델The latest LG phone model 시장으로into the market 가까이 향해 들어간다come into는 의미죠. 즉, 시장이라는

맥락에서는 come into이 '출시하다'라는 의미가 됩니다. 이 문장은 '최신 모델 LG 휴대폰이 출시되었다.'라는 의미로 이해할 수 있습니다.

A : I've been thinking of buying the latest iPhone model, but I've also been looking at the Galaxy series, too.

아이폰 최신 모델을 사려고 생각했는데, 갤럭시 시리즈도 보고(고려하고) 있어요.

B : What about the latest LG phone model? It has just come into the market.

LG 휴대폰 새 모델은 어떠세요? 최근에 출시됐거든요.

★ 이 말도 해석할 수 있다!

The flowers came into bloom.

▶ ⋯⋯⋯⋯⋯⋯⋯⋯⋯⋯⋯⋯⋯⋯⋯⋯⋯⋯⋯⋯⋯⋯⋯⋯⋯⋯⋯⋯⋯⋯

정답: 꽃이 만개했다(활짝 피었다).

come의 그림을 떠올리며 뜻을 유추해 보세요.

1. 파티에 초대되었는데, 파티에 몇 명이 오는지 궁금할 때

How many people are coming to the party?

▶ ....

2. 집으로 가는데 엄마한테 전화가 왔다. "어디니?"

I'm [going / coming] home, mum.

▶ ....

3. 도박으로 돈을 따서 좋아하는 친구에게 한마디

Easy come, easy go.

▶ ....

4. 엄마 아빠의 부부싸움이 드디어 끝났을 때

The cold war between my mum and dad finally came to an end.

▶ ....

5. 교회에 처음 갔는데 전도사님이 인자한 눈빛으로

Are you going to come out every Sunday?

▶ ....

: 정답 : 1. 파티에 몇 명이 오나요? 2. 집에 가고 있어요, 엄마(답: coming – 집에 계신 어머니에게 가깝게 다가가는 그림이
기 때문). 3. 쉽게 얻은 건 쉽게 잃는다. 4. 어머니 아버지 사이의 냉전이 마침내 끝났다. 5. 매주 일요일마다 나올 거니?

결과를 불러오는
bring

bring은 '가져오다'라는 의미로 흔히 알고 있죠. 틀린 말은 아닙니다. 하지만 영단어는 조금 더 말랑말랑하게 그림을 그려 이해하면 좋습니다. bring의 그림은 이렇게 그려 보세요. '결과를 불러오는' 그림. 그냥 단순히 가져오는 게 아니라 '결과를 함께 가져오는' 그림으로 그리면 더 좋습니다.

'결과를 불러오는' bring의 그림을 떠올리며 다양한 이야기를 풀어 보겠습니다.

▶ 해외 여행지에서 밥을 먹었습니다. 해외에선 보통 영수증을 먼저 확인하고 계산을 하는데요. 이때 종업원에게 이렇게 말씀하시면 됩니다.

"Could you bring me the bill please?"

bring의 뜻 '가져오다'로 이해해도 무리는 없지만 bring의 본질적인 그림을 떠올리면 이해가 더 쉽습니다. 우선 'Could you bring me~' 는 '제게 결과를 불러와 줄 수 있으세요?'라는 의미입니다. 어떤 결과를 불러올까요? 바로 영수증the bill이라는 결과죠. 영수증이라는 결과를 불러온다는 건 영수증이 내게 생기는 거죠. 결국 이 말은 '영수증 좀 가져다 주실 수 있나요?'라는 의미입니다.

A : How was your meal, ma'am? Was everything alright? 식사는 어떠셨나요, 손님? 괜찮았나요?

B : I'm totally satisfied. Could you bring me the bill, please? 대만족입니다. 영수증 가져다 주실 수 있나요?

★ 이 말도 해석할 수 있다!

You can bring your children to the conference.

▶ ....

정답: 회의에 아이들을 데려오셔도 됩니다.

▶ 죽마고우의 결혼식에 초대받았습니다. 기쁜 마음으로 축하를 해주기 위해 식장에 갔어요. 그런데 하객 중에 15년 동안 연락이 두절된 친구가 있는 게 아닙니까. 눈이 휘둥그레진 저에게 친구가 인사합니다.

"What brought you here!?"

원어민들이 자주 쓰는 표현입니다. '결과를 불러오는' bring의 그림을 알고 있으면 쉽게 이해할 수 있죠. What brought~?은 '뭐가 결과를 불러온 거야?' 인데요, 어떤 결과죠? 너you라는 결과죠. 그 결과가 어디에 있죠? 여기here 즉, 결혼식장에 있죠. '무엇이 너를 여기(결혼식장)에 있는 결과를 불러온 거야?', 결국 '여기 어떻게 온 거야?' 라는 의미가 됩니다.

A : Hey! You must be Donghoon, aren't you!?
너 분명 동훈이 맞지!?

B : Oh, man! What brought you here?
와! 여기 어떻게 온 거야?

★ 이 말도 해석할 수 있다!

The war brought division to the country.

▶ ....

정답: 전쟁이 나라를 분단하는 결과를 불러왔다.

▶ 친구 중에 정말 눈치 없는 친구가 한 명 있습니다. 시도 때도 없이 진지한 얘기를 꺼내서 갑자기 분위기를 싸하게 만드는 게 특기죠. 오늘은 별로 친하지 않은 사람들끼리 모인 서먹한 자리였는데, 기대를 저버리지 않고 논란이 많은 화제를 던지는 군요.

"Why do you always bring up a controversial topic?"

'결과를 불러오는' bring과 '위로 솟는' up의 그림을 조합해 보세요. 논란이 많은 주제a controversial topic)를 대화 '위로 올리는', '결과를 불러오는'bring up 거죠. Why do you always bring up~?(왜 너는 항상 대화 위로 불러와?) a controversial topic(논란이 많은 주제를), 다시 말해, '넌 왜 항상 논란이 많은 주제를 화제로 꺼내?'라는 의미가 되는 겁니다. 이 상황에서 bring up은 '화제를 꺼내다'라는 의미로 이해할 수 있겠네요.

A : Speaking of the European Union, I totally disagree with the result of the Brexit vote.
유럽연합에 관해서 말하자면, 나는 브렉시트 투표 결과에 완전 반대야.

B : It is quite tactless to talk about Brexit here. Why do you always bring up a controversial topic? 여기서 브렉시트에 대해 이야기 하는 건 눈치가 없는 거야. 넌 왜 항상 논란이 많은 주제를 화제로 꺼내?

Let me bring up a new topic for today's discussion.

▶

정답: 오늘 토의 주제를 꺼내 보겠습니다.

▶️ '위로 오르는', '결과를 만드는bring up' 건 양육의 맥락에서 보면 '성장하다'라는 의미입니다. 사람이 '위로 오르는 결과를 만든다bring up'는 것은 위로 자라게 만드는, 즉 '성장시킨다'는 의미이죠.

A : Could you tell me about your childhood?
어린 시절에 대해 이야기해 줄 수 있어요?

B : After my parents' divorce, my father brought up my little brother, and I was brought up by my mum. 부모님이 이혼하시고, 아버지가 제 남동생을 키우셨고, 저는 어머니의 손에 자랐습니다.

우리 아버지가 키우신 거죠my father brought up. 동생을요my little brother. 그리고 저는 양육된 겁니다I was brought up 어머니에 의해서 요by my mum.

▶️ 정말 죽이는 날씨입니다. 기분 좋게 학교에 갔는데 친구의 얼굴이 썩 좋아보이지 않네요. 날씨가 좋다고 인사를 했더니 친구가 이렇게 말합니다.

80

"The weather is so sick, but it brought on my allergies."

sick은 슬랭으로 '쩐다!(훌륭하다!)'라는 의미입니다. 그래서 The weather is so sick은 '날씨가 쩐다'라는 말이죠. 그런데 그 날씨가 어떤 결과를 불러온but it brought 것입니다. 여기서 on은 '붙은', '접촉하는' 그림인데요, 바로 내 알레르기에 붙은on my allergies 거예요. 영어 문화권에서는 무언가가 근처에 있거나 달라붙으면 그것을 현상의 원인이나 수단으로 봐요. 전치사 by의 경우가 대표적인 예입니다. 좋은 날씨가The sick weather 내 알레르기에 붙었다brought on my allergies는 건 '좋은 날씨가 알레르기의 원인이 되었다'. 즉 '날씨가 나에게 알레르기를 일으켰다' 라는 뜻이 되겠네요.

★ 이 말도 해석할 수 있다!

Running fast can bring on difficulty breathing.

▶

정답: 빠르게 달리는 건 호흡 곤란을 일으킬 수 있다.

bring의 의미를 떠올리며 뜻을 유추해 보세요.

1. 친구네 집에 두고 온 랩탑을 가져다 달라고 부탁하며

Can you bring my laptop back tomorrow morning?

▶ ....

2. 월드컵이 좋은 점?

The World Cup has brought countries around the world together.

▶ ....

3. 매번 정치 이야기를 꺼내는 친구에게 한마디

Do not bring up any political topics, please.

▶ ....

4. 엄격한 부모님에게 자란 사람이 유년시절을 회상하며

I was brought up very strictly.

▶ ....

5. 과음이 안 좋은 이유는?

Drinking too much alcohol can even bring on a mental health issue.

▶ ....

: 정답 : 1. 내일 아침에 내 노트북 가져와 줄 수 있어? 2. 월드컵은 세계의 국가들이 하나가 되는 결과를 불러왔다. 3. 정치 이야기 좀 하지 말아줘. 4. 나는 정말 엄격하게 자랐다. 5. 술을 많이 마시는 건 심지어 정신적인 건강 문제까지 야기시킬 수 있습니다.

변화하는
break

영단어 break를 '깨다'라는 일차적 의미로만 생각하면 곤란합니다. 영단어의 본질적인 그림을 이해해야 한다고 말씀 드렸죠? break는 이런 그림으로 생각해 보세요. **단순히 '깨지는' 게 아니라, '깨지면서 변화하는' 그림으로요.** 자동차를 타고 가다 브레이크(break)를 밟았다고 상상해 보세요. 주행 중인 상태가 깨지고, 속도가 줄어드는 상태로 변화하죠? 이게 바로 break의 그림입니다. 단순히 와장창 깨지는 게 아니에요.

▶ 유튜브 강의

'깨지면서 변화하는' break의 그림을 생각하며 다양한 사용법을 정복해 보죠.

▶ 전신거울을 새로 샀습니다. 이제 매일 아침 나의 멋진 모습을 감상할 수 있겠군요. 그런데 이게 웬열…… 세워 둔 거울이 쓰러지며 산산조각 나고 말았습니다.

"The mirror broke into pieces."

거울이the mirror 깨졌습니다broke. '깨지면 변하는' break의 그림이죠. 어떻게 변했을까요? 멀쩡한 상태에서 산산조각인 상태로into pieces 변화break 했습니다. 즉, 거울이 '산산조각 났다'라는 의미입니다.

A : I brought home a new mirror and leaned it against the wall. 나 어제 집에 새 거울을 가져와서 벽에 세워 뒀어.

But, this morning, it fell down on the floor and broke into pieces.
근데, 오늘 아침에 거울이 바닥에 쓰러져서 산산조각 났어.

★ 이 말도 해석할 수 있다!

I dropped the cup on the floor and it broke into pieces.

▶ ....

정답: 나는 바닥에 컵을 떨어뜨렸고, 컵은 산산조각 났다.

▶️ 몇 시인지 시간을 보려고 하는데 시계가 고장났군요. 엎친 데 덮친 격으로 휴대폰도 고장났어요.

"The clock and my phone are broken."

시계와 휴대폰the clock and my phone은 멀쩡한 상태였습니다. 그런데 깨져서 변한 거죠are broken. 보통 물건이 깨져서 상태가 변하면 고장 난 상태가 돼요. 고장난 상태로 변한 것이죠. 그래서 이 문장은 '시계와 휴대폰이 고장났다'라는 의미입니다.

A : Why are you panting so much? 왜 그렇게 헐떡거려?

B : Damn, elevator is broken, so I had to take the stairs. 젠장, 엘리베이터가 망가져서, 계단을 이용해야 했어.

물건이 깨져서 상태가 변하면 고장난 상태가 된다고 했죠? 엘리베이터가elevator is 멀쩡한 상태에서 깨져서 멀쩡하지 않은 상태로 변화broken한 거죠. 즉 '엘리베이터가 고장났다' 라고 이해할 수 있습니다.

★ 이 말도 해석할 수 있다!

The air-conditioner in my car is broken.

▶ ....

정답: 내 차에 있는 에어컨이 망가졌어.

▶ TV를 시청하다 보면 가끔 화면에 갑자기 이런 문구가 뜨기도 합니다.

"BREAKING NEWS"

BREAKING NEWS를 '깨부수는 뉴스'라고 오해할 수도 있습니다. Breaking news는 속보라는 뜻인데요, break의 기본 그림을 알면 쉽게 이해할 수 있습니다. 속보는 아무 때나 나오지 않죠? 평온한 상태를 깨면서break 등장하죠. 그래서 '깨면서 변화시키는 뉴스breaking news', 즉 '속보'가 되는 겁니다.

A : Hey guys, we need to break the ice.
애들아, 서먹서먹한 분위기(ice) 좀 깨자.

B : Yea, agreed. Let's talk about today's breaking news. 응 그러자. 오늘 속보에 대해서 이야기해 보자!

참고로 야구에서 변화구를 'breaking ball' 이라고 합니다. 정상적인 궤도로 날아가던 공이 변화하기breaking 때문에 그렇죠.

BREAKING NEWS: Hyun-jin Ryu broke the world record for the speed of a breaking ball.

▶ ....

정답: 속보: 류현진 선수가 변화구 속도 세계 기록을 경신했다(변화시켰다).

▶ 오랜만에 친구를 만났습니다. 멀리서 걸어오는 친구의 표정이 영 좋지 않은데요. 무슨 일일까요?

"Recently, I broke up with my girlfriend."

사람 사이의 관계 또한 변화break할 수 있습니다. 연인과 사귀는 상태에서 헤어진 상태로 변화하는 것처럼요. 거기에 '위로 솟는 그림'을 가진 up이 함께 쓰였네요. '관계가 깨져서 변화'했는데broke 위로 '솟기'까지up 한 것입니다. 완전히 뒤엎어져 버린 그림이 되는 겁니다. 그래서 이 말은 '최근에 나 여자친구랑 헤어졌어.'라는 의미가 되겠습니다.

A : Hey, long time no see! How you doing?
야, 오랜만이야! 어떻게 지내?

B : Recently, I broke up with my girlfriend.
최근에, 나 여자친구랑 헤어졌어.

★ 이 말도 해석할 수 있다!

**I didn't want to break up with him,
but I couldn't help it.**

▶ ....

정답: 나 걔랑 헤어지고 싶지 않았지만, 어쩔 수 없었어.

break의 의미를 떠올리며 뜻을 유추해 보세요.

1. 친구들과 야구를 하다가 과욕이 부른 참사

I threw a breaking ball and it broke a window in the teacher's room.

▶ ....

2. 가전제품을 수거하는 트럭에서 나오는 안내방송 중

I buy broken TVs, fridges, radios or any other home appliance.

▶ ....

3. 학기 초에 어색한 분위기를 깨기 위해 선생님이 해야 할 것?

Icebreakers are needed for the first day of class.

▶ ....

4. 도무지 안 맞는 남자친구와 헤어짐을 결심할 때

I am going to break off my relationship with my boyfriend.

▶ ....

5. 어젯밤 문을 열어두고 잤더니 사건이 터졌다.

A thief broke into my house yesterday.

▶ ....

: 정답: 1. 변화구를 던졌는데, 그 공이 교무실 유리창을 깼다. 2. 고장 난 TV, 냉장고, 라디오, 혹은 가전제품 삽니다. 3. 수업 첫날에는 어색한 분위기를 깨는(icebreaker) 활동들이 필요하다. 4. 남자친구와의 관계를 정리할 거야. 5. 어제 우리집에 도둑이 들었어.(평온한 상태를 깨고(break) 들어옴(into)).

돌면 변하는

turn

어린 시절 자주 보던 만화들에 공통점이 하나 있습니다. 캐릭터가 변신을 하거나 진화를 할 때 몇 바퀴 돈다는 거죠. '디지몬'도 그렇고 '세일러문'도 그래요. 돌면(turn) 변하죠. '돌면 변하는' 그림이 바로 turn의 그림입니다. 단순히 물리적으로 도는 것뿐만이 아닙니다. 돌면 변하기까지 하는 거죠. 변신 같은 느낌이랄까요?

돌면 변하는 turn의 이미지를 떠올리면서, 다양한 쓰임새를 확인해 볼게요.

▶   우리나라는 집집마다 도어락이 설치되어 있지만 영국은 아직도 열쇠를 사용하는 집이 많습니다. 그래서 열쇠로 문을 열어야 하는 경우가 많죠.

"Turn the key and open the door."

turn the key는 말 그대로 '열쇠를 돌린다'는 의미입니다. 물리적으로 열쇠가 '돌아가는' 거죠. 열쇠를 넣고 돌리면 문이 열리잖아요. 열쇠로 잠긴 상태의 문을 돌려서turn 열린 상태로 변하게 한 거죠. turn의 '돌면 변하는' 그림이 그려지죠?

A : Hi, I'm a new tenant. How do I enter my room? 안녕하세요, 세입자인데요. 제 방에 어떻게 들어가면 되죠?

B : Just turn the key and open the door.
열쇠 돌리시고 문 여시면 됩니다.

★ 이 말도 해석할 수 있다!

He turned and looked at me.

▶ ....

정답: 그가 돌아서서 나를 봤다.

▶️ 새해가 밝았습니다. 드디어 스무 살이 되었어요. 이제 술집에 출입할 수도 있고 PC방에서 새벽까지 게임도 할 수 있어서 기분이 째집니다. 하지만 이 모든 곳을 제치고 성인이 된 기념으로 가장 먼저 향한 곳은 영화관입니다. 19금 영화를 보기 위해서죠. (므흣)

"Today, I turned 20 years old."

여기서 turn을 '돌다'로 해석하면 이 문장은 매끄럽게 해석이 되지 않습니다. '돌면 변하는' turn의 기본 그림을 생각해 보세요. 어제까지만 해도 19살이었는데 오늘 20살로 돌아서 변한turn 20 years old 거죠. 즉 '스무 살이 되었다'라는 의미입니다.

A : Can you show me your ID please? 민증 좀 보여 주시죠.

B : No worries. Today, I turned 20 years old.
문제 없습니다. 저 오늘 스무 살 됐거든요.

★ 이 말도 해석할 수 있다!

It's turning dark.

▶ ....

정답: 어두워지고 있다.

▶ '돌면 변하는' 그림의 turn은 상태를 다양하게 변화시킬 수 있습니다. 가령 이런 상황도 있을 수 있습니다.

바다로 놀러간 남녀. 한참 물놀이를 하는데 바닷물이 너무 차가웠는지 남자의 입술이 파랗게 변했습니다.

"Your face and lips are turning blue!"

멀쩡하던 입술이 파란색으로 '돌아서 변하는'turning blue 상황이죠. 해석하면 '너 얼굴이랑 입술이 파랗게 변하고 있어!'입니다. 다른 상태 변화도 알아보죠.

"Turn up!"

'돌아서 변하는' 그림의 turn과 '위로 솟는' 그림의 up을 함께 쓴 표

현입니다. turn up은 '솟아서 변하는' 그림이 되죠. 분위기를 위로 솟게 변화시키는 거니까, '분위기 좀 띄우자!'라는 의미입니다.

A : There is something in the air.
분위기가 좀 이상한데? (공기 중에 뭔가 있음: 분위기에 뭔가 있음: 분위기가 이상함)

B : Yea, I feel the same. Let's turn up!
어, 공감해. 분위기 좀 띄우자!

★ 이 말도 해석할 수 있다!

He is not going to turn up at the party.

▶ ....

정답: 그는 절대 파티에 오지 않을 거야. (모습을 드러내는 turn up도 위로 솟아야 가능하겠죠?
모습을 보이는 상태로 변해야 하니까요)

▶ 수업 시작 전에 선생님들이 꼭 하는 말이 있습니다.

"Open your textbook and turn to page 140."

이번에는 turn이 '어딘가로 향하는' 전치사인 to와 함께 쓰였습니다. 그래서 turn to page 140는 '140쪽으로 향하게 변하라'는 것이죠. 다시 말해 '교과서를 펼치고open your textbook 140페이지를 펴라turn to page 140'라는 의미이죠.

A : Hey guys, turn to page 140. 애들아, 140페이지 펴라.

B : Mr. Kim, it's my turn to read.
김 선생님, 오늘은 제가 읽을 차례예요.

여기서 turn을 단순히 '차례'라고 외우기 전에 이렇게도 생각해 볼 수 있습니다. turn이 읽는read 동사를 향하면turn to read 뭘까요? 안 읽고 있던 상태에서 읽으려는 상태로 변한 거죠. 즉, '내가 읽을 차례my turn to read'라는 의미가 되겠죠.

★ 이 말도 해석할 수 있다!

Next it was my turn. But I had already turned and walked away with my winnings.

▶ ....

정답: 다음이 내 차례다. 하지만 나는 이미 딴 돈을 챙겨서 떠났다. (돌아서서 멀리 감; turned and walk away) turn의 그림을 떠올리며 뜻을 유추해 보세요.

1. 길을 물어보는 여행객에게 길을 알려주며

Turn right at the corner right there.

▶ ....

2. 평소에는 조용하지만 화가 나면 완전히 바뀌는 친구

He turns scary when he is angry.

▶ ....

3. 물에 빠진 사람을 구조했는데 상태가 좋지 않다.

His lips had already turned blue and now his eyes
are turning white.

▶ ....

4. 파티에 오길 기다리고 있던 친구가 결국 오지 않았다.

Even though he won't turn up, we have to turn up.

▶ ....

5. 룸메이트와 교대로 요리를 하기로 했다.

It's my turn to cook.

▶ ....

정답: 1. 저쪽 모퉁이에서 오른쪽으로 가세요. 2. 그는 화가 나면 무섭게 변한다. 3. 그의 입술은 이미 파래졌고 눈도 하얗게 변하고(뒤집히고) 있다. 4. 비록 걔가 안 왔지만, 우리는 분위기를 띄워야 해(파티를 해야 해). 5. 내가 요리할 차례야.

12

책임지는

help

영단어 help, '돕다'라고 알고 있죠? 하지만 help도 본질적인 그림을 이해하면 재미있습니다. 저는 help를 이렇게 새로 정리하고 싶습니다. **help는 원래 고대 영어의 'helpan'에서 시작되었습니다. 이 단어의 그림은 '책임지는' 그림이에요. 동사 help 역시 '책임지는' 그림이라고 보면 됩니다.** 다른 말로 표현하면 '챙기는' 느낌이라고 봐도 될 것 같아요.

▶ 유튜브 강의

12-1.mp3

'책임지는' 그림의 help를 떠올려 보세요. 이제부터 이 그림이 얼마나 유레카인지 보여 드리겠습니다.

▶ 여름 휴가로 해수욕장에 간 상황입니다. 그런데 뭔가 문제가 생겼나 봐요. 어디선가 절박한 비명소리가 들려오네요. 저 멀리 사람이 허우적대고 있어요.

"Somebody, help me!"

우리가 알고 있던 것처럼 '누구든somebody, 나를 도와줘help me'라고 해석해도 무리는 없을 겁니다. 하지만 '책임지는' help의 본질적인 그림으로 더욱 파고들어 볼게요. '누구든somebody, 나를 책임져 달라help me'라는 말이겠죠? 물에 빠진 상황에서 스스로를 책임질 수 없으니까 누구든 나를 책임져 달라는 말이죠.

A : Somebody, help me! 누구든, 저 좀 도와주세요(책임져 주세요)!

B : Don't worry! I'm sure I can help you!
걱정하지 마세요! 당연히 제가 도와드릴 수 있습니다(책임질 수 있습니다)!

★이 말도 해석할 수 있다!

I want to help my mum clean the house.

▶ ....

정답: 나는 어머니가 집 청소하시는 것을 돕고 싶다 (집 청소하시는 걸 내가 책임지고 싶다).

▶ 이번엔 속담 하나를 소개해 드릴게요. 아무리 생각해도 번역이 이상하게 되는 속담입니다.

"Heaven helps those who help themselves."

흔히 알려진 번역으로는 '하늘은 스스로를 돕는 자를 돕는다.'입니

다. 하지만 아무리 생각해봐도 이 번역이 어색해요. help를 한국어와 일대일 대응시켰기 때문이에요. 하지만 '책임지는 그림'을 생각하면 놀랍도록 자연스러워집니다. 하늘이 책임져 주는 거죠Heaven helps. 누구를요? 스스로를 책임지는 사람들those who help themselves을요. '스스로 돕는 사람들'이라는 어색한 표현보다 '스스로 책임지는 사람들'이라는 말이 더 와닿지 않나요? 스스로를 책임진다는 말은 '스스로 노력하는', '열심히 사는'이라는 의미입니다.

A : I am so desperate. 나 완전 멘붕이야(절박해).

B : Chin up. Heaven helps those who help themselves. 기운 내. 하늘은 스스로를 책임지는 사람들을 책임져 줘.

★ 이 말도 해석할 수 있다!

Morning coffee always helps me wake up.

▶ ....

정답: 아침 커피는 항상 내가 깰 수 있도록 책임져 준다.

▶ 영어책에 늘 숙어로 정리되어 있는 'cannot help -ing'라는 표현을 아시나요? '~하지 않을 수 없다'라고 뜻풀이가 되어 있고, 보통 이대로 암기하죠.

"I cannot help getting the munchies at night."

외운 뜻 그대로 적용하면 '나는 밤에 군것질munchies을 하지 않을 수 없다'입니다. 해석은 되죠. 하지만 우린 이미 '책임지는' help의 그림을 알고 있으니 외우지 말고 풀어서 해석해 봐요. '나는 책임질 수 없다 cannot help, 밤에 군것질 하는 걸getting the munchies at night'라는 의미가 되죠. '내가 밤에 군것질하는 걸 책임질 수 없다', 즉 '밤에 군것질하는 걸 참지 못하겠다.'는 말이 되겠죠?

A : Are you on a diet these days? 요새 다이어트 하고 있어?

B : I'm trying, but I cannot help getting the munchies at night.
하고는 있는데, 밤에 군것질하는 걸 참을 수가 없어. (군것질하는 걸 책임지지 못해.)

The movie was so sad, I couldn't help crying.

▶ ....

정답: 영화가 너무 슬퍼서 울지 않을 수가 없었어. (우는 것을 책임질 수 없었어.)

▶️ 영국인 친구 집에 초대받았습니다. 가볍게 맥주 한 잔을 하기로 했어요. 친구가 간식과 음료를 한아름 가져왔습니다. 그러면서 이렇게 말하네요.

"Help yourself."

'너 스스로를 도우라니help yourself'? 이 표현을 처음 들으면 난감할 수 있습니다. 원래 알고 있던 help의 뜻으로 해석하면 이해하기 어렵거든요. 하지만 '책임지는' help의 그림을 적용하면 어렵지 않습니다. 먹을 것들을 테이블에 잔뜩 올려놓은 상황에서 '너 스스로를 책임져라help yourself'라는 말은 무슨 뜻일까요? '스스로 알아서 해.' 즉,

'알아서 편하게, 먹고 싶은 만큼 먹어.'라는 뜻입니다.

A : Here you go. Help yourself. 여기 있어. 알아서 편하게 먹어.

B : Oh, I couldn't wait. Thanks! 오, 못 참겠더라. 고마워!

★ 이 말도 해석할 수 있다!

(호스텔에서) **Help yourself to clean bed sheets.**

▶ ....

정답: 깨끗한 침대보 편하게 가져다 쓰세요.

help의 그림을 떠올리며 뜻을 유추해 보세요.

1. 비틀즈의 노래 〈Help!〉 가사 중에서

Won't you please, please help me?

▶

2. 어려운 문제를 풀어야 하는데 도움이 필요할 때

Hey, could you please help me solve this question?

▶

3. 여자친구가 너무 사랑스러운 나머지 웃음이 떠나질 않는다.

I cannot help smiling when I see her.

▶

4. 어떤 대학교에 들어가게 될지 무척 궁금한 고3 수험생

I cannot help but wonder which university I will attend.

▶

5. 파티 호스트가 파티에 도착한 사람들에게

Feel free to join the party and help yourself!

▶

: 정답: 1. 제발, 제발, 도와줄 거죠. 2. 저기, 이 문제 풀게 나 좀 도와줄 수(책임져 줄 수) 있어? 3. 그녀를 볼 때마다 웃지 않을 수 없어(웃음을 책임 못 지겠어). 4. 어떤 대학교에 다닐지 궁금해 하지 않을 수가 없어(궁금함을 책임 못 지겠어). 5. 자유롭게 파티에 참여하시고 편하게 (알아서) 하세요!

몰랐던 걸 알게 되는
find

영단어 find, 아마 모두가 '찾다'라고 생각하실 겁니다. 물론 틀리
진 않습니다. 하지만 find 역시 본질적인 그림을 이해하면 더욱 쉽
고 재미있어집니다. **저는 find의 그림을 이렇게 그리고 싶습니다.**
'몰랐던 걸 알게 되는' 순간의 그림으로요.

▶ 유튜브 강의

'몰랐던 걸 알게 되는' find의 그림을 떠올리며 다양한 사실을 find 해 봐요.

▶ 친구가 열심히 뭔가를 찾고 있습니다. 그래서 물어봤어요. "너 뭐 찾아?What are you looking for?" 돌아오는 친구의 대답은 이렇습니다.

"I'm trying to find my cell phone."

단순히 '찾다'라고 해석하지 마시고 '몰랐던 걸 알게 되는' find의 그림을 생각해 보세요. 이 표현은 '어디 있는지 모르는 휴대폰의 행방을 알려고 하는 중trying to find my cell phone'인 거죠. 그래서 '휴대폰을 찾고 있어.'라는 뜻으로 이어지는 것입니다.

A : Hey, what are you looking for? 이봐, 뭐 찾고 있어?

B : I lost my cell phone yesterday, so I'm trying to find it.
나 어제 휴대폰 잃어버려서 지금 찾고 있어(어디 있는지 모르는 걸 알려고 하는 중).

★ 이 말도 해석할 수 있다!

I need to find some information for my essay.

▶ ....

정답: 에세이를 위한 정보를 찾아야 해.

▶️ 지금 영국 여행을 하고 있다고 생각해 보세요. 외국 친구를 사귀려고 유스호스텔에서 묵기로 했어요. 그런데 호스텔에서 만난 한 외국인 여행객이 이렇게 묻네요.

"How do you find London so far?"

런던을 어떻게 찾게 되었냐는 말일까요? find의 기본 그림을 이해하면 간단히 해결됩니다. '어떻게How do you 런던에 대한 몰랐던 사실을 알게 되었나find London 지금까지so far?'라고 해석되죠? 즉, '지금까지 런던 어땠어?'라는 의미입니다.

A : How do you find London so far? 지금까지 런던 어땠어요?

B : So far, so good! 지금까지 정말 좋아요!

★ 이 말도 해석할 수 있다!

Did you find the math exam difficult?

▶ ···

정답: 수학 시험 어려웠던 것 같아? (어려웠다는 사실을 알게 되었어?)

▶ 이제 find를 조금 더 유연하게 사용해 볼게요. 얼마 전에 남자친구랑 헤어진 친구가 이렇게 말합니다.

"At first, I found it very difficult to accept."

처음에는at first 너무 어렵다는 사실을 알게 되었다I found it very difficult는 거죠. 뭐가 어렵나요? 받아들이는to accept게 어려웠던 거죠. 남자친구와 헤어진 상황이니, 이별을 받아들이는 게 어려웠다는 말이겠죠? 그리고 그 사실을 알게 되었다I found는 의미입니다. 몰랐던 것을 알게 되는 find의 그림이 명쾌하게 적용되죠?

A : How are you taking it? (이별 이후로) 요새 좀 어때?

B : At first, I found it very difficult to accept, but I'm alright. 처음에는 받아들이기 너무 어려웠는데, 지금은 괜찮아.

▶ 열심히 연구하는 학자가 있습니다. 난제의 해결책을 찾기 위해서 밤낮없이 공부하고 있죠. 그런데 어느 날 갑자기!

"Eureka! Finally, I found out a riddle!"

'몰랐던 사실을 알게 되는' 그림의 find는 전치사와 함께 사용될 수도 있습니다. 뒤에서 자세한 설명을 드리겠지만, 숙어도 결국 단어와

단어(보통 동사와 전치사)의 조합일 뿐입니다. '몰랐던 사실을 알게 된' find가 '안에서 밖으로 나가는' 그림의 전치사 out과 결합되었습니다. find out은 몰랐던 사실을 알게 되었는데 그게 바깥으로 나오기까지 한 거예요. 몰랐던 것을 알아냈다는 느낌이 더욱 강렬하게 표현되죠.

A : Did you find a solution for the problem?
그 문제점의 해결책은 찾았니?

B : Yeah. Finally, I found out a riddle!
응. 마침내 수수께끼를 풀어냈지!

★ 이 말도 해석할 수 있다!

I found out that he did very well on the final exam.

▶ ....

정답: 그가 기말고사 잘 봤다는 사실을 알게 됐어. (전혀 몰랐던 혹은 의외의 사실을 알아냈을 때)

find의 의미를 떠올리며 뜻을 유추해 보세요.

1. 휴대폰을 잃어버린 친구에게

Have you found your cell phone yet? I heard you were trying to find it.

▶ ....

2. 미국으로 이민 간 이사한 친구에게 안부를 물을 때

How do you find living in America so far?

▶ ....

3. 스페인 여행 중, 누군가 스페인 어떠냐고 묻자

I found Barcelona very dynamic.

▶ ....

4. 기대하던 영화를 보고 실망했을 때

I found out that the movie 'Suicide Squad' is a real bomb.

▶ ....

5. 영화는 폭망했지만 그나마 여주인공이 하드캐리 했을 때

But people have found out that Harley Quinn is a sensational character.

▶ ....

: 정답 : 1. 휴대폰 어디 있는지 알게 됐어(찾았어)? 네가 찾고 있다고 들었거든. 2. 지금까지 미국에서 사는 거 어떤 것 같아?
3. 바르셀로나는 정말 역동적이라고 생각해(역동적이라는 사실을 알게 됐어). 4. 영화 '수어사이드 스쿼드'는 정말 폭망한 영화라는 사실을 알게 됐어. 5. 하지만 사람들은 할리퀸이 충격적인 캐릭터라는 사실도 알게 됐지.

14

짐을 지고 채우는
charge

charge는 당장 사전만 찾아봐도 '충전하다', '청구하다', '기소하다', '돌격하다' 등 10개가 넘는 뜻으로 정의되어 있습니다. 이렇게 뜻이 많을수록 기본 그림을 아는 것이 중요하죠. charge의 고대 라틴어 어원은 '올려놓는' 의미입니다. 이 어원에서 유래하여 현대 영어에서 charge는 '짐을 지는', '짐을 채우는' 그림이 되었습니다.

유튜브 강의

'짐을 지는', '짐을 채우는' charge의 그림을 떠올리며, 다양한 상황을 만나보죠.

"Charge!"

▶ charge를 '충전하다' 정도로 알고 있었다면 지휘관의 명령을 제대로 이해할 수 없습니다. 하지만 '짐을 지는', '짐을 채우는' charge의 본질적인 그림을 생각하면 이해하기 쉽습니다. 전쟁터에서 전투 대기를 하고 있는 군인의 입장에서 '짐을 진다'는 것은 '주어진 임무를 수행한다'는 의미가 되지 않을까요? 군인이 질 짐, 임무는 하나잖아요. 적과 싸워 이기는 것이죠. 그래서 이 상황에서 지휘관의 'Charge!'라는 외침은, '전투 개시!' 내지는 '돌격하라!'입니다.

A : The soldiers are all ready and are waiting for the order. 군인들이 모두 준비되었고 명령만 기다리고 있습니다.

B : Charge! 돌격하라! (짐을 져라!)

Mr. Lee is going to take charge.

▶ ....

정답: Mr. Lee가 책임을 질 것이다(짐을 질 것이다).

▶️   회사 업무가 너무 밀린 상황이에요. 야근까지 하면서 겨우 보고서 작성을 완료했습니다. 겨우겨우 마감 기한에 맞춰 부장님께 결재를 올렸는데 이럴 수가…

"Who's in charge?"

'짐을 지는' 그림의 charge를 생각해 보면 부장님의 말을 쉽게 이해할 수 있습니다. '누가who is 짐(책임)을 지고 있어in charge?' 라는 의미입니다. 보고서 결재를 받는 상황에서 '짐을 지는 사람'은 보고서를 작성한 직원이겠죠. 그 직원의 짐(책임)은 보고서를 작성하는 거고요. 좀 더 매끄럽게 의역하면, '이 보고서 누가 작성했어?'라는 의미입니다.

116

A : Who's in charge? 누구 책임이야(누가 이 보고서 작성했어)?

B : I'm in charge of writing that portfolio.
제가 그 보고서를 작성했습니다(보고서를 쓰는 책임을 지고 있다).

★ 이 말도 해석할 수 있다!

I'm in charge of security.

▶ ....

정답: 나는 보안의 책임을 지고 있다(보안의 짐을 지고 있음).

▶ 독립심이 없고 게으른 친구가 있습니다. 백수 생활도 오래 하고 있고요. 어느 날 그 친구가 불법주차 딱지를 끊게 되었습니다. 반성을 해도 모자랄 판에 당당하게 경찰관에게 이렇게 말하네요.

"Can you charge it to my mum's account?"

기억하세요. '짐을 지는', '짐을 채우는' 그림의 charge입니다. 독립심

없는 친구가 어머니에게 짐을 지우는charge it to my mum 것은 책임을 떠넘기는 거죠. '어머니에게 비용을 청구하세요.'의 의미가 되겠네요.

A : A police officer is going to charge you with a crime. You have to pay a fine.
경찰관이 너를 범죄로 기소할 거야(범죄의 책임을 지게 할 거야). 너는 벌금을 내야 해.

B : Can you charge it to my mum's account, please?
우리 어머니에게 청구해 주세요(어머니에게 짐을 주세요).

★ 이 말도 해석할 수 있다!

How much do you charge for delivery?

▶ ....

정답: 배달 비용으로 얼마나 청구하시나요?

▶ 하루에 한 번은 이걸 묻는 친구가 있는 것 같아요.

"Do you have an iPhone charger?"

'짐을 지는', '짐을 채우는' 그림의 charge는 사물을 대상으로도 쓸 수 있습니다. 아이폰iPhone이라는 짐을 채우는 녀석charger은 바로 충전기입니다. 휴대폰이 죽지 않게 책임을 지고 채워야 할 일은 배터리를 충전하는 것이죠.

A : I need to charge my cell phone. 나 휴대폰 좀 충전시켜야 해.

B : Me too. Do you have an iPhone charger?
나도. 너 아이폰 충전기 있어?

★ 이 말도 해석할 수 있다!

This electric car can be charged in a private home.

▶ ....

정답: 이 전기차는 가정집에서도 충전될 수 있다.

charge의 그림을 떠올리며 뜻을 유추해 보세요.

1. 세금을 제대로 내지 않으면 벌어지는 일

A public officer from the National Tax Service is going to charge a higher tax rate on you.

▶ ....

2. 강한 컴플레인을 거는 손님에게 나타난 지배인

I'm the person in charge, sir.

▶ ....

3. 이제 성인이니까 휴대폰 요금쯤은 내가 내기로 했다.

My phone bill is going to be charged to my account.

▶ ....

4. 해외에서 서비스를 받기 전에 항상 확인해야 하는 것

Do I have to pay an extra charge?

▶ ....

5. 휴대폰이 필수인 현대인이 자기 전에 체크해야 할 것

We need to make sure the cell phone is being charged.

▶ ....

: 정답: 1. 국세청 직원이 당신에게 높은 세금을 부과할 것이다. 2. 선생님, 제가 책임자입니다. 3. 휴대폰 요금이 내 계좌로 청구될 것이다. 4. 추가 비용을 내야 하나요? 5. 휴대폰이 충전되고 있는지 확실히 해야 한다.

움직이고 이동하는
travel

듣기만 해도 기분 좋은 단어 travel. 하지만 travel을 '여행'이라고만 생각하면 곤란합니다. '여행'은 travel의 그림에서 파생된 의미 중 하나일 뿐이니까요. **travel**의 원래 어원은 '일(work)을 한다'입니다. 대단히 포괄적이죠. 하지만 현대 영어에서의 그림은 '이동하는' 그림입니다. 어디론가 달리는 버스, 날아가는 총알, 목적지로 걸어가는 사람 등 무엇이든 '움직이고 이동하는' 그림이 travel 입니다.

▶ 유튜브 강의

'움직이고 이동하는' 그림의 travel을 살펴봅시다.

▶ 한국에 방문한 두 외국인에게 이런 질문을 했습니다. "What brought you to Korea(어떻게 한국에 방문하게 되었나요)?" 그러자 두 명의 대답이 조금 다릅니다.

"I am here on business travel."
vs
"I am here on a business trip."

한 명은 business 'travel' 그리고 다른 한 명은 business 'trip'이라고 대답했어요. 둘 다 업무상 출장으로 한국에 머물고 있는 건 알겠는데 왜 대답이 다를까요?

trip은 travel에 비해 짧은 거리를 이동하는 그림입니다. '짧게 툭 찍는' 느낌이죠. 그래서 business trip이라고 대답한 외국인은 짧은 기간 동안 업무 차 한국에 머문다는 말이 되죠. 반면 travel은 비교

적 긴 거리를 이동하는 그림이에요. business travel을 온 외국인이
business trip을 온 외국인보다 더 길게 한국에 머물겠죠?

A : What brought you to Korea? 한국에 어떻게 온 거야?

B : I am here on business travel/a business trip.
업무 차 왔어요.

★ 이 말도 해석할 수 있다!

I want to travel around the world.

▶ ....

정답: (장기간) 세계를 일주하고 싶다.

물리 수업을 듣다 보면 재미있는 표현을 들을 수 있습니다.

"The ball travels at 160 km per hour."

공이 여행을 하다니?! 이 표현 역시 travel의 '움직이고 이동하는' 그림을 생각하면 됩니다. 공이The ball 움직이는travels 거죠. 시속 160km의 속도로요at 160km per hour.

A : How fast does the ball travel? 공이 얼마나 빠르게 날아가나요?

B : The ball travels at 160 km per hour.
공은 시속 160 km로 날아간다.

★ 이 말도 해석할 수 있다!

These days, TV news travels slower than social media.

▶ ....

정답: 요새는 TV 뉴스가 소셜 네트워크보다 느리다(늦게 이동한다).

▶ 영국 유학 초창기에 정말 당황했던 순간이 있습니다. 아직도 잊혀지지 않는 질문인데요.

"How do you travel to your school?"

이 질문을 문자 그대로 '학교에 어떻게 여행해?'라고 이해해 버린 겁니다. 순간 머릿속은 복잡해졌고, 고민 끝에 'airplane(비행기)'라고 대답했어요. 그러니까 분위기가 차게 식더라고요. 그 친구의 질문은 원래 '학교에 어떻게 가(이동해)?'였던 겁니다. travel의 그림을 알고 있었다면 이런 실수는 안 했겠죠.

A : How do you travel to your school? 학교 어떻게 가?

B : I travel to school by bus. 난 버스 타고 학교 다녀.

★ 이 말도 해석할 수 있다!

I travel to work by train.

▶ ....

정답: 나는 기차를 타고 회사에 다닌다.

▶ 운동을 하다가 목을 다친 친구가 이렇게 말합니다.

"The pain traveled down my back."

물리적인 대상만 이동하는travel 게 아닙니다. 뭐든 이동하고 움직일 수 있어요. 이 친구에게는 고통The pain이 이동했습니다traveled. 아래로down 등까지my back 이동하는 겁니다. 목을 다쳤는데 고통이 점점 내려와서 이제 등까지 아픈 상황이라는 걸 알 수 있겠죠?

A : Hey mate, how do you feel? 친구, 컨디션 좀 어때?

B : Not so good. The pain traveled down my back.
안 좋아. 통증이 등까지 내려왔어.

★ 이 말도 해석할 수 있다!

Light travels faster than sound.

▶ ....

정답: 빛은 소리보다 빨리 이동한다.

travel의 그림을 떠올리며 뜻을 유추해 보세요.

1. 우주여행을 꿈꾸는 친구가 입버릇처럼 하는 말

I want to go space [trip / travel].

▶ ....

2. 무한 질주가 가능하다는 아우토반에도 권장 속도가 있다!

You should travel at speeds of up to 130 km per hour.

▶ ....

3. 항상 말조심해야 하는 이유

The rumor always travels from mouth to mouth.

▶ ....

4. 이직한 친구가 매일 불평을 늘어놓는 이유는?

Her job requires her to travel frequently.

▶ ....

5. 강에 쓰레기를 버리는 친구에게 따끔한 한마디

The trash travels down the river and contaminates the ocean.

▶ ....

: 정답 : 1. 난 우주여행을 가고 싶어(답: travel *우주여행은 단거리가 아님). 2. 최대 시속 130km의 속도로 달리는(이동하는) 게 좋아요. 3. 루머는 항상 입에서 입으로 전해진다. 4. 그녀의 직업은 출장을 너무 많이 가도록 요구한다. 5. 쓰레기가 강 하류로 이동해서 바다를 오염시킨다.

겉으로 보이는
look

게임을 하다가 상대의 캐릭터가 멋질 때 '룩(look)이 훌륭하다'라는 말을 간혹 사용합니다. 여기서 look은 우리가 '보다'라고 알고 있는 동사인데요, 시력이 좋다는 말도 아니고 여기서의 look은 어떻게 이해해야 할까요?

고대 영어에서 look은 '찰나의 순간에 보인 모습'을 의미하는 단어였습니다. 여기서 기원한 look의 기본 그림은 '겉으로 보이는' 그림입니다. 찰나의 순간에 보인 이미지라고 생각하면 쉽습니다.

'겉으로 보이는' look의 그림을 떠올리며, look의 다양한 쓰임을 알아봅시다.

▶ 뭔가를 '본다'라고 말하고 싶을 때 look을 그냥 사용하면 안 됩니다. look은 그저 '보이는' 그림만을 가지고 있기 때문이죠. 무엇을 봐야 하는지 구체적으로 콕 집어 줄 수 있는 장치가 필요해요. 바로 전치사입니다. 전치사는 동사의 그림을 조금 더 선명하고 구체적으로 바꿔주는 역할을 하죠.

"In the club, she was looking at us!"

look 자체는 '보이는' 그림만을 가졌다고 했죠? 그래서 특정 지점을 콕 집는 전치사인 at과 함께 사용됐습니다. 그래서 어떤 대상을 '보는' 의미를 만들려면 look은 반드시 대상을 콕 집어 주는 at과 함께 사용되어야 합니다.

A : In the club, she was looking at us!
클럽에서 그녀가 우리를 바라보고 있었다고!

B : I know, man. But she was watching me, not you. 알아 임마. 근데 그녀는 네가 아니라 나를 보고 있었어.

'겉으로 보이는' look과는 다르게 watch는 어딘가를 '보는' 그림입니다. 그래서 전치사가 필요 없죠.

★ 이 말도 해석할 수 있다!

I finally made it! Look at this!

▶ ....

정답: 내가 마침내 해냈어! 이거 봐봐!

▶ 혼자 해외여행을 하는 도중 외국인에게 사진 한 장 찍어달라고 부탁했어요. 고맙다고 인사를 하자 이렇게 말하네요.

"I have already taken many. Have a look!"

130

have의 '소유하는' 그림, 기억하시죠? 그럼 have a look은 '보여지는 걸 해 보세요'라는 말은 '한번 보라'는 의미겠죠? 결국 이 말은 '사진을 여러 장 찍었으니 한번 보세요'라는 의미입니다.

> A : Could you take a photo of me?
>   제 사진 좀 찍어 주실 수 있으신가요?
>
> B : I have already taken many. Have a look!
>   여러 장 찍었어요. 한번 봐보세요!

★ 이 말도 해석할 수 있다!

If you don't mind, can I have a look at your notes?

▶ ....

정답: 괜찮으시다면, 노트 필기 좀 봐도 될까요?

▶ 뭔가를 열심히 찾고 있는 친구에게 이렇게 물어봅니다.

"What are you looking for?"

원어민들은 look을 사용할 때 전치사 for도 함께 애용합니다. 뒤에서 자세하게 설명하겠지만 for은 '교환, 대가를 치르는' 그림을 갖고 있습니다. 그래서 'look for'은 '보이는 것에 대한 대가를 치르는' 그림이죠. '보이는 것에 대해 대가를 치른다'는 것은 '무언가를 보이게 하기 위해 노력하는' 그림으로까지 연결됩니다. 결론적으로 look for은 '무언가를 찾는'이라는 의미가 되죠. What are you looking for? 은 '뭐 찾고 있어?'라는 뜻입니다.

A : What are you looking for? 뭐 찾고 있어?

B : I'm looking for my wallet. I lost it nearby.
지갑 찾고 있어. 이 근처에서 잃어버렸는데.

★ 이 말도 해석할 수 있다!

Is it what you are looking for?

▶ ....

정답: 이게 당신이 찾고 있는 거예요?

▶ 친구가 좋아하는 남자가 생겼다고 합니다. 남자가 하도 밀당을 해서 맘고생을 하고 있대요. 어떤 사람인지 묻자 이렇게 말하네요.

"Firstly, he is good looking."

'겉으로 보이는' 그림의 look이 '좋은' 의미의 good과 함께 쓰였습니다. '우선firstly, 그는he is 좋게 보여good looking.' '좋게 보이는good looking'은 한마디로 잘 생겼다는 말입니다.

A : Is there someone you like? 좋아하는 사람 있어?

B : I like Ben. Firstly, he's good looking.
    난 벤이 좋아. 우선 그는 잘생겼어.

★ 이 말도 해석할 수 있다!

This salad looks so fresh.

▶ ....

정답: 이 샐러드는 정말 신선해 보여(겉으로 보이는 모습이 신선함).

look의 그림을 떠올리며 뜻을 유추해 보세요.

1. 별이 빛나는 밤에

Look at that shining star!

▶ ....

2. 인터넷에 초대형 스캔들이 떴다.

Let's have a look at the online newspapers.

▶ ....

3. '저 백수예요.' 대신 쓸 수 있는 표현

I'm looking for a job.

▶ ....

4. 어제 우리집 분위기가 살벌했다.

My mum looked so angry.

▶ ....

5. 원어민에게 사용하면 무례하게 들리는 표현

You look tired.

▶ ....

정답 : 1. 저기 빛나는 별을 봐! 2. 인터넷 신문을 한번 보자. 3. 저는 직업을 찾고 있습니다. 4. 우리 엄마가 엄청 화나 보였어. 5. 너 피곤해 보인다.(*자칫 자기관리를 못하는 것처럼 보인다는 의미로 전달될 수 있어요.)

비슷한
like

영단어 like를 생각하면 가장 먼저 떠오르는 뜻은 '좋아하다'입니다. like를 '좋다'라고 외워버리면 곤란합니다. 그것보다 더 본질적인 그림이 있기 때문이죠. 바로 '비슷한' 그림입니다. 비슷하니까 좋아할 수도 있는 거죠. 예를 들어 SNS에서 '좋아요(Like)' 버튼 있죠? '좋아요'를 언제 누르는지 생각해 보면 그림이 쉽게 이해됩니다. 게시물에 공감할 때, 내 생각과 '비슷할 때', 그래서 좋을 때 누르죠. 그게 바로 like의 본질적인 의미랍니다.

'비슷한' 그림을 가진 like가 쓰인 다양한 상황을 알아봅시다.

▶ 기말고사를 앞둔 어느 날, 친구와 수다를 떨다가 전교 1등 제이슨에 대한 이야기가 나왔어요.

He was like, "I don't want to study for finals. I am going to give up."

like를 '좋다'라고 해석하면 절대 이해할 수 없는 표현입니다. 하지만 '비슷함'의 그림으로 이해하면 쉽습니다. He was like는 '난 기말고사 공부하기 싫어I don't want to study for finals 기말고사를 포기할 거야I am going to give up라고 말한 것과 비슷했다he was like' 라는 의미가 되죠. 우리도 누군가 한 말을 인용하면서 '걔가 그랬어'라고 표현할 때가 있잖아요. 영어에서의 like도 비슷한 겁니다. 구어체에서 자주 사용되는 표현이니 꼭 알아두세요.

A : Do you think Jason can do well on the final exam? 제이슨이 기말고사 시험 잘 볼 거라 생각해?

B : I don't think so. He was like, "I don't want to study for finals. I am going to give up." 아니 그렇게 생각 안 해. 그가 그랬거든, "나는 기말고사 공부가 하기 싫어. 포기하려고."

★ 이 말도 해석할 수 있다!

At first, I was like, "Oh, that's fantastic!"

▶ ....

정답: 처음에 나는 그랬어, "오, 엄청난데!"

▶ like가 자주 사용되는 경우가 또 있습니다. 바로 이런 경우예요.

"When he sings, he looks like Justin Timberlake."

look을 '겉으로 보이는' 그림이라고 알려드렸죠? '겉으로 보이는' 그림의 look과 '비슷한' 그림의 like가 결합되었습니다. 겉으로 보기에 비슷한 건 닮았다는 뜻이죠. 그래서 look like는 '~와 닮다'라는 의미가 됩니다. 결국 '그가 노래를 부를 때when he sings, 그는 닮았다he looks like 저스틴 팀버레이크와Justin Timberlake'라는 뜻이죠.

look like는 단순히 겉모습이 닮은 것 말고도 상황을 묘사할 때도 쓰입니다. 다음과 같은 상황에서요.

A : Shall we drink outside? 밖에서 술 마실까?

B : It doesn't look like we can drink outside.
밖에서 술 마실 수 있을 것 같지가 않은데. (밖에서 술 마실 수 있을 것 같지 않아 보여.)

★ 이 말도 해석할 수 있다!

He looked like he is living in another world.

▶ ....

정답: 그가 다른 세상에 살고 있는 것처럼 보였어.

▶ 한국 문화를 사랑하는 외국인을 만났습니다. 한국 드라마에 빠져 산다고 해요. 그가 저에게 묻네요.

"Which Korean drama do you like best?"

앞서 정리한 like의 '비슷한' 그림을 떠올려 보세요. '어떤 한국 드라마가which Korean drama 너랑 최고로 비슷하니do you like best?'라고 해석이 됩니다. 감잡으셨나요? 비슷한 것은 좋아하는 것과 연결이 됩니다. 우리가 자신과 닮은, 비슷한 사람을 좋아합니다. 유유상종이란 말도 있듯, 내가 좋아서 어울리는 친구들도 나와 비슷한 사람들입니다. 서로 비슷하니까 잘 맞고, 결국 내가 좋아하는 거예요. 우리가 가장 잘 알고 있는 like의 '좋다'라는 의미는 본질적인 그림인 '비슷함'에서 파생된 것이죠.

A : Which Korean drama do you like best?
어떤 한국 드라마 제일 좋아해?

B : To be honest, I'm not into K-dramas, but my favorite one of all time is 'Goblin.'
솔직히 한국 드라마에 빠져있진 않아. 하지만 내가 좋아하는 드라마는 '도깨비'야.

I do like her. And nobody knows if I will love her.

▶

정답: 나는 그녀가 정말 좋아. 그리고 내가 그녀를 사랑할지는 아무도 모르지.

▶ 친구랑 오랜만에 진지하게 대화를 하고 있습니다. 미래에 대해서요.

"What would you like to be in the future?"

우리는 여태까지 would like to~를 '~하고 싶다'라고 외웠습니다. 그럴 필요 없습니다. like의 '비슷한' 그림을 상기하며 어순대로 이해하면 간단해요. 나중에 다루겠지만 영어단어 would에는 '~할 것이다'라는 가능성의 의미가 있습니다. 그래서 'would', 'like' 그리고 'to'가 합쳐지면, '비슷하게 ~할 것이다would like to~'라는 의미가 되죠. 앞서 언급했듯, '비슷한' 그림은 '좋아하다'라는 그림으로 파생되고요. would like to~가 '~하고 싶다'라는 의미가 되는 이유, 명쾌해졌죠?

A : What would you like to be in the future?
미래에 뭐가 되고 싶어?

B : I would like to be a YouTuber. 나는 유튜버가 되고 싶어.

★ 이 말도 해석할 수 있다!

What would you like to have for lunch?

▶ ....

정답: 점심으로 뭘 먹고 싶어?

like의 그림을 떠올리며 뜻을 유추해 보세요.

1. 기말고사 볼 때 교수님이 한 말을 재연하면서

Mr. Picot was like, "Turn off your cell phone."

▶ ....

2. 의사가 심각한 표정으로 진단을 내리며

It looks like cancer.

▶ ....

3. 여행가서 잡은 숙소가 금방이라도 귀신 나올 것은 분위기

This place looks like a haunted house.

▶ ....

4. 짝사랑은 언제나 괴로운 것

I really like her, but I feel like she doesn't like me.

▶ ....

5. 여행이 너무 즐거워서 돌아가고 싶지 않다.

I would like to stay here for one more night.

▶ ....

: 정답 : 1. Picot 교수님이 그러셨어, "휴대폰 끄세요." 2. 이건 암처럼 보이는데요. 3. 이 집은 귀신의 집인 것처럼 보여.
4. 난 그녀를 정말 좋아하지만, 그녀는 나를 좋아하지 않는 것 같다. 5. 여기서 하룻밤 더 머물고 싶어.

노력하는

work

'일하다'로 알고 있는 영단어 work의 그림을 찾아가 보겠습니다. '일하다'라는 의미로 이해해도 큰 무리는 없습니다. 하지만 숙어로 사용될 경우까지 생각하면 본질적인 그림을 이해하는 것이 큰 도움이 되죠. work의 어원은 '고통을 감내하여 일을 하다'입니다. 하지만 현대 영어에서는 고통보다는 '노력하는' 그림에 더 가깝습니다.

'노력하는' work의 그림을 떠올리며 다양한 예문을 만나 봅시다.

▶ 전설적인 영국 밴드 비틀즈의 곡 중에서 이런 곡이 있습니다. 원어민들이 자주 사용하는 표현이기도 한데요.

"We can work it out."

직역하면 '밖에서 일한다'고 오역할 수도 있는 표현입니다. 하지만 전혀 다른 의미예요. work의 '노력하는' 그림에서 시작해 볼게요. 우선 We can work는 '우리는 노력할 수 있다'라는 뜻입니다. out은 안에 있던 것이 '밖으로 나가는' 그림인데요. 특히 '밖으로 드러나는 결과'와 관련된 표현에서 자주 사용됩니다. 그래서 We can work it out.은 '밖으로 드러나는 결과를 내는 노력을 할 수 있다.'라는 뜻입니다. 결국 '(무언가를) 해결하기 위해 노력할 수 있다.'는 말입니다. 비틀즈의 노래로 돌아가 볼게요.

A : There's a chance that we may fall apart before too long. 우리는 머지않아 서로 멀어질 수도 있어.

B : We can work it out. 그걸 해결하기 위해 노력할 수 있어.

가능성이 있다There's a chance, 머지않아 서로 멀어질 수 있는that we may fall apart before too long. 서로 이별할 지도 모른다는 말이네요. 여기서 이것을 해결하기 위해 노력한다면work it out?

★ 이 말도 해석할 수 있다!

I'm not sure if I can work it out.

▶ ....

정답: 시험을 잘 넘길 수 있을지 모르겠다.

▶ 설사 때문에 약국에 가니 약사가 약을 건네며 이렇게 말합니다.

"This will work for that."

'이 약이 노력할 것이다this will work, 그걸(설사)를 위해서for that'라는 뜻이 되겠죠. 약이 병에 대해서 할 수 있는 노력은 당연히 병을 치료해 주는 거고요.

A : Hi, I'm looking for medicine for diarrhea.
안녕하세요. 설사병 약을 찾고 있는데요.

B : This will work for that. 이 약이 당신을 낫게 해 줄 겁니다.

★ 이 말도 해석할 수 있다!

That medicine didn't work at all, but regular exercise worked very well.

▶ ....

정답: 그 약은 효과가 없었어, 하지만 규칙적인 운동은 정말 효과가 있더라.

▶ 여행에서 만난 친구가 자기 직장 얘기를 합니다.

"I'm working at Samsung Electronics."

이 표현은 '삼성전자에서 노력하고 있다_{working for Samsung Electronics}' 라는 뜻입니다. 직장에서 노력을 한다면 일(노동)을 하는 것이죠. 여기서 work는 '일하다'라는 의미예요.

A : What do you do in your country?
너희 나라에서는 뭐하고 지내?

B : I'm working at Samsung Electronics.
삼성전자에서 일하고 있어.

★ 이 말도 해석할 수 있다!

I can't work properly if I'm tired.

▶ ....

정답: 난 피곤하면 제대로 일할 수 없어.

▶ 과제하는데 꼭 귀찮게 뭐하는 지 묻는 친구가 있네요.

"I'm working on my assignment."

'노력하는' work가 어딘가에 '달라붙는', '접촉하는' 그림의 전치사 on과 함께 쓰였습니다. 그래서 work on이라고 하면 '어딘가에 붙어서 노력하는' 그림이 되죠. 공을 들이는 느낌입니다. 이 문장을 풀어보면, 노력하고 있습니다I'm working 과제에 붙어서요on my assignment. 즉, '과제하는 중이야.'로 해석할 수 있겠네요. 물론 저는 과제를 다 끝낸 상태였습니다. 호호.

A : Hey, what's up? 어이, 뭐하냐?

B : I'm busy working on my assignment. 과제하느라 바빠.

★ 이 말도 해석할 수 있다!

I have to work on my English grammar.

▶ ....

정답: 내 문법공부를 위해 노력해야 해.

18-2.mp3

work의 그림을 떠올리며 뜻을 유추해 보세요.

1. 조별과제를 해야 하는데 맘에 안 드는 친구가 끼어있을 때

To be honest, I don't want to work it out with him.

▶ ....

2. 열심히 노력했지만 계획대로 되지 않았을 때

My plan didn't work, but I'm still working hard on it.

▶ ....

3. 휴대폰 수리를 하러 고객센터에 가서 하는 말

My cell phone is not working. Can you work out the problem?

▶ ....

4. 지향해야 할 삶의 자세

Work hard, play hard.

▶ ....

5. 도박에 빠진 친구가 내 말을 듣지 않지만 계속 설득해야 한다.

I'm still working on him.

▶ ....

정답: 1. 솔직히 나는 개랑 같이 (결과를 내는 노력을) 하기 싫어. 2. 내 계획이 (노력대로) 되지 않았어. 하지만 나는 여전히 공들이고 있다. 3. 제 휴대폰이 작동하지(노력하지) 않아요. 문제를 해결해 주실 수 있나요? 4. 열심히 노력하고(일하고), 열심히 즐기자. 5. 나는 여전히 그를 설득하고 있다(그에게 노력하고 있다).

상태를 유지하는

stay

stay는 '머물다'라고 알고 있죠? 물론 틀리진 않습니다. 하지만 이렇게 외우고 나면 어떤 장소에서 '묵는', '지내는' 의미로 밖에 사용하지 못합니다. 조금 더 유연하게 생각해 보죠.

stay의 그림! 역시나 최초 공개입니다. stay는 '상태를 유지하는' 그림을 가지고 있어요. 잔잔한 호수를 떠올려 보세요. 어디로도 흐르지 않는 듯한 평온한 호수요. 그게 바로 stay의 그림입니다.

'상태를 유지하는' 그림의 stay를 생각하면서, 다양한 예문을 살펴보죠.

▶ 가장 친한 친구 중에 악동 같은 친구가 한 명 있습니다. 저희 어머니는 그 친구와 어울리는 걸 별로 좋아하지 않으세요. 그래서 항상 이런 잔소리를 하십니다.

"Stay away from him."

맥락상 좋은 의미는 아닐 거라는 예상은 하셨을 겁니다. '상태를 유지하는' 그림의 stay와 '멀어지는' 그림의 away가 함께 쓰였습니다. 그래서 stay away는 '멀어진 상태를 유지하라'는 뜻이 되죠. 그 친구로부터 떨어져서from him' 말이에요. 다시 말해, '그 친구와 멀어져라.'라는 의미입니다.

A : Stay away from him. 그 친구와 놀지 마.

B : Mum, he is my friend. How dare you say that?
엄마, 개는 제 친구예요. 어떻게 그렇게 말하실 수 있어요?

★ 이 말도 해석할 수 있다!

I want you to stay away from the matter.

▶ ....

정답: 나는 네가 그 일에서 손뗐으면 좋겠다.

▶️ 해외여행을 하다 호스텔에서 외국인 친구를 사귀게 되었습니다. 아쉽게도 내일 아침에 떠난다고 하네요. 그 친구가 제 일정은 어떻게 되냐고 묻습니다. 그곳에서 하루 더 묵는 저는 이렇게 대답합니다.

"I am going to stay here one more night."

'상태를 유지하는' stay의 그림을 떠올리면 stay here one more

night은 '여기서 하룻밤 더 상태를 유지한다'는 의미입니다. 숙소에서 하룻밤 더 상태를 유지한다는 건 하룻밤 더 머문다는 말이겠죠?

A : I'm leaving tomorrow morning. 난 내일 아침에 떠나.

B : Oh really? I'm going to stay here one more night. 아 진짜? 나는 여기서 하룻밤 더 머물 거야.

★ 이 말도 해석할 수 있다!

Can I stay at your place?

▶ ....

정답: 당신 집에 머물러도 될까요?

▶ '상태를 유지하는' stay는 사람의 감정을 이야기할 때도 쓸 수 있습니다.

"I wonder how she can always stay calm and cool."

나는 궁금합니다I wonder. 어떻게how 그녀가 항상she can always 상태를 유지하는지를stay요. 침착하고 쿨한calm and cool 상태요. 이처럼 사람의 마음이나 기분도 stay를 사용해서 말할 수 있습니다.

A : Do you reckon she is too stressed these days?
   그녀가 요새 스트레스 많이 받겠지?

B : Nope, she is a strong woman. I wonder how she can always **stay** calm and cool. 아니, 그녀는 강인한 여자야. 난 그녀가 어떻게 항상 침착하고 쿨한 상태를 유지할 수 있는지 궁금해.

★ 이 말도 해석할 수 있다!

She has stayed angry at her ex-boyfriend who betrayed her.

▶ ....

정답: 그녀는 그녀를 배반한 전 남자친구에게 화나 있다.

▶ 카지노 딜러가 카드를 나눠주고 이렇게 말합니다.

"Stay?"

154

영어가 익숙하지 않은 저는 당황했습니다. 대충 '(하루) 머물 거야?' 라는 의미로 이해했어요. 호텔에 딸린 카지노였으니 그럴듯한 착각 아닌가요? 사실 이 카지노 용어도 stay의 기본 그림을 알고 있으면 쉽게 이해할 수 있습니다. stay가 상태를 유지하는 그림이니까, 카드를 받은 상태를 유지하고 싶은지를 묻는 거죠. 더 베팅bet할 건지 멈출 건지stay 말이에요.

A : Stay? (베팅) 멈추나요?

B : Hit. (베팅) 겁니다.

★이 말도 해석할 수 있다!

After drinking loads of coffee, I was able to stay awake yesterday.

▶

정답: 어제 커피 왕창 마시고 나서야, 깨어 있을 수 있었다.

stay의 그림을 떠올리며 뜻을 유추해 보세요.

1. 여행 가이드가 위험 지역 주의 사항을 당부하며

   You should stay away from ghetto areas.

   ▶ ....

2. 숙소에서 이틀 더 머물 수 있는지 물어볼 때

   If possible, can I stay here two more nights?

   ▶ ....

3. 아빠에게 외박 허락을 구하며

   Dad, I am going to stay at my friend's place
   tonight.

   ▶ ....

4. 한국에 방문한 외국인 친구에게 자주하는 질문 1순위

   Where are you staying in Korea?

   ▶ ....

5. 결혼에 대해 회의를 갖고 있는 친구 얘기를 하며

   He always says he's going to stay single forever.

   ▶ ....

의도와 목적이 있는

mean

mean은 영단어 중에서도 다의어로 유명합니다. '의미', '의도, '수단' 등의 명사부터 '비열하다'는 형용사까지... 이 단어를 어떻게 하면 좋을까요? mean은 지금까지 다룬 단어와 비교하면 아주 큰 그림을 가지고 있습니다. 하지만 아무리 다의어라고 해도 본질적인 그림을 이해하면 다양한 뜻을 유연하게 이해할 수 있습니다.

mean의 그림은 '의도가 있는' 그림입니다. 의도가 있다는 건 목적이 있다는 말이기도 하죠.

'의도와 목적이 있는' mean의 쓰임을 생각해 봅시다.

▶ 생각을 콕 집어 표현하기 어렵거나, 내 의도와는 다르게 대화가 복잡하게 진행될 때 자주 사용하는 표현이 있습니다.

"I mean, that was not my fault."

I mean은 '내가 말하고자 의도한 바는', '내 목적은'이라는 뜻입니다. '그게 내 잘못이 아니었다that was not my fault'는 거죠. 결국 '내가 의도한 바는 뭐냐면, 그게 내 잘못이 아니었다'라는 말이 됩니다.

A : Do you mean you are going to try to justify your mistake? 네 실수를 정당화하겠다는 의도가 있던 거냐?

B : I mean, that was not my fault.
내가 의도하는 바는, 그게 내 잘못이 아니라는 거야.

It means a lot of young adults are still relying on their parents.

▶ ....

정답: 그건 많은 젊은 성인들이 여전히 그들의 부모님에게 의지하고 있다는 것을 의미해(의도가 있다).

▶ mean의 쓰임 중 헷갈리는 문장입니다.

"Do you mean to go to club tonight?"

Do you mean은 '너는 의도하니?', '목적이 있니?'이고요, '오늘 밤 클럽에 가려는 것to go to club tonight' 말이죠. 보통 'mean to~'를 '~할 셈이다'라고 외우는데요, 단어의 기본 그림을 생각하면 따로 외울 필요가 없죠.

A : Do you mean to go to a club tonight?
오늘 밤에 클럽 갈 거야?

B : Nope, I just mean that I want drink and chill at your place. 아니, 그냥 너희 집에서 술 마시고 여유를 즐길 셈이야.

★ 이 말도 해석할 수 있다!

Oh, I'm really sorry. I didn't mean to be rude.

▶ ....

정답: 헐, 정말 죄송해요. 무례하게 하려는 의도는 아니었어요.

means는 '목적, 수단'이라는 의미가 됩니다.

"KakaoTalk is one of the most effective means of communication."

그런데, 이 역시 외울 필요가 없습니다. '의도와 목적이 있는' mean 의 본질적인 그림과 연결하면 쉽죠. 어떤 일을 시작한 '의도'와 '목적'이 있다면 그 일을 성취하기 위한 '수단'이 중요합니다. 그래서 의도와 목적, 수단은 아주 밀접한 연관이 있습니다. 세 단어의 연결고리가 느껴지시나요? 이러한 맥락에서 이 문장을 해석하면, '카카오톡은 가장 효과적인KakaoTalk is one of the most effective 커뮤니케이션이라는 목적을 이루기 위한 수단means of communication이다.'입니다. means가 '수단'이 되는 이유를 아시겠죠?

A : I haven't heard of KakaoTalk. What is it?
카카오톡 한번도 못 들어봤어. 그게 뭐야?

B : KakaoTalk is one of the most effective means of communication in South Korea.
카톡은 한국에서 가장 효과적인 커뮤니케이션 (목적을 이루기 위한) 수단이야.

★ 이 말도 해석할 수 있다!

The airplane is a means of transportation.

▶
....

정답: 비행기는 교통 수단이다.

▶ 원어민들은 개념이 없거나 4가지가 없는 친구를 욕할 때 이런 표현을 자주 사용합니다.

"He is always so mean!"

이번엔 mean이 형용사로 쓰였습니다. 역시나 '의도와 목적이 있는' 그림을 생각하면 이해가 쉽습니다. '그는He is 항상always 너무so 의도와 목적이 있다mean'라는 의미죠. 누군가가 항상 의도와 목적이 있다면 그 사람은 어떤 사람일까요? 순수한 사람은 아니겠죠. 이런 맥락에서 mean은 '비열하다', '약았다'는 의미입니다.

A : He is not considerate of other people's feelings.
그는 다른 사람들의 감정을 배려하지 않아.

B : Agreed. He is always so mean.
동의해. 개는 항상 너무 약았어.

★ 이 말도 해석할 수 있다!

She is so mean not to buy a gift for her friends.

▶ ···

정답: 그녀는 그녀의 친구들에게 선물을 사는데 너무 인색해(사지 않으려고 해).

mean의 그림을 떠올리며 뜻을 유추해 보세요.

1. 영어를 배울 때 가장 많이 하게 되는 질문

What does that mean?

▶ ....

2. 고의가 아닌 실수를 저질렀을 때

That's my mistake. I didn't mean to do that.

▶ ....

3. 게을러서 매번 헬스장에 안 나오는 친구의 변명

I got up too late. I didn't mean to.

▶ ....

4. 좋아하는 여자의 마음을 얻고 싶은 남자의 고민

I must find a means of satisfying her needs.

▶ ....

5. 공부는 잘 하지만 인성이 꽝인 친구 얘기를 하며

He is smart. But, he is mean not to consider other people's thinking.

▶ ....

: 정답 : 1. 그게 무슨 의미인가요? 2. 그건 제 실수예요. 그러려고 한 건 아니었어요. 3. 너무 늦게 일어났어. 일부러 그런 건 아니야. 4. 반드시 그녀를 만족시킬 수단(방법)을 찾아야 해. 5. 그는 똑똑해. 하지만 다른 사람의 생각을 헤아리는데 있어서는 인색하다(부족하다).

PART 2

전치사
빅픽처 그리기

예문 듣기

영어에 '전치사'는 왜 있는 걸까요? 우리말엔 없는 '전치사'의 역할은 무엇일까요? 쉽게 그림 그리기로 비유해 볼게요. 동사가 '밑그림'이라면 전치사는 밑그림에 생명을 불어넣어주는 채색 작업이에요. 동사의 뜻을 분명하게 해주며, 동시에 방향성을 갖도록 돕는 역할을 하죠. 이번 파트에서 전치사의 그림을 하나하나 알아볼까요?

지점을 콕 집는

at

전치사는 표현을 더욱 선명하고 구체적으로 만드는 기능을 합니다. 그래서 본질적인 그림을 이해해야 문장에 내포된 구체적인 뜻을 알 수 있죠. 첫 번째로 알아볼 전치사 at, 어떻게 알고 있나요? 보통은 장소를 말할 때 '~에'라는 뜻으로 쓰인다고 알고 있죠. at은 대상이나 지점을 콕 집는 그림이라고 생각하면 쉽습니다. 총 위에 달린 스코프(망원경)를 떠올려 보세요. 그걸 통해 보면 어떤 대상이나 지점이 조준되어 보이겠죠? 그게 바로 at의 그림입니다.

▶ 유튜브 강의

'지점을 콕 집는' at의 그림을 생각하면서 다양한 예문을 파헤쳐 볼게요.

▶ 친구와 마트에서 각자 장을 보고 주차장에서 만나기로 했습니다. 장을 다 보고 친구에게 전화를 걸었습니다. "Where are you now?(지금 어디야?)" 그러자 친구가 이렇게 대답합니다.

"I'm at my car."

친구는 지금 어디에 있는 걸까요? 우리말과 일대일 대응해서 at을 '~에'라고 해석한다면 '나 차에 있어.'라는 말이 되어버리죠. 말이 안 되는 건 아닙니다. 하지만 표현이 선명하고 구체적이지 않습니다. 차에 타고 있다는 건지, 근처에 있다는 건지 정확하지 않아요. at은 지점이나 대상을 콕 집는 그림이라고 했죠? at my car는 '자동차'라는 지점에 있어'라는 표현입니다. 그래서 자동차 안에 있는 것보다는 근처에 있다는 것이 더 정확하죠.

A : Are you in your car? Where are you?
　　차 안에 있어? 어디야?

B : I'm at my car. I'm getting in now.
　　나 차 근처에 있어. 이제 타려고.

★ 이 말도 해석할 수 있다!

I'm at the front door.

▶ ....

정답: 나 지금 정문 앞이야(문이라는 지점에 있는 그림).

▶ 친구랑 내일 만날 약속을 잡고 있습니다.

"Let's meet up tomorrow at 7 p.m."

at은 대상이나 지점을 콕 집는 그림입니다. 따지고 보면 시간도 일종의 공간으로 볼 수 있어요. 그렇기 때문에 내일이라는 시간 중에서도

오후 7시를 콕 집어서tomorrow at 7 p.m. 만나자는Let's meet up 제안을
하는 겁니다.

A : Let's catch up soon bro. 조만간 보자, 친구.

B : What about tomorrow at 7 p.m.? 내일 저녁 7시 어때?

★ 이 말도 해석할 수 있다!

I really want to go out at night.

▶ ....

정답: 나 정말 밤에 나가서 놀고 싶어.

▶ 과음을 해서 어제 일이 도통 기억이 안 나네요. 친구가 얘기해
줍니다.

"Jessie was totally crazy. Dancing and drinking, she stayed at the club all night."

먼저 '제시는 완전 미쳤었어Jessie was totally crazy'라고 해석할 수 있습니다. '춤추고 노래하면서Dancing and drinking', '그녀(제시)가 머물렀습니다she stayed'. 이때 머무를 장소가 필요하잖아요. 그래서 '장소를 콕 집는' 그림의 at이 함께 쓰였습니다. '상태를 유지하는' stay와 지점이나 대상을 콕 집는 at이 함께 쓰여서 '어떤 지점에서 상태를 유지하는' 그림이 만들어졌습니다. 예문에서 나온 stay at club은 '클럽이라는 지점에서 상태를 유지하는' 그림니다. 클럽에서 머물렀다는 뜻이죠.

A : In the club, Jessie went crazy, staying at the club all night....

클럽에서, 제시 미쳤어, 밤 새도록 클럽에서 머물면서…

B : Oh, creepy. That is the reason that I've never stayed at a club all night.

오, 찜찜하다. 그게 바로 내가 클럽에 오래 머물지 않는 이유야.

★ 이 말도 해석할 수 있다!

I looked at my homework and I felt like I had to stay up late at night.

▶ ···

정답: 숙제를 살펴봤는데, 밤늦게까지 숙제를 해야 할 것 같다고 느꼈다.

▶️ 영국에서 기차를 타면 안내 방송에서 꼭 들을 수 있는 표현이 있습니다. 바로 이 표현인데요.

"This train will shortly be calling at Manchester Piccadilly."

call은 부르고, 받아들이는 그림입니다. 기차가This train 어떤 지점을 콕 집어 받아들인다call at는 것은 그 지점에 방문한다는 의미입니다. '이 기차는This train 잠깐 정차할 것이다will shortly be calling at 맨체스터 피카딜리를Manchester Piccadilly.'이라는 표현이 됩니다.

A : Where is this train for? 이 기차 어디로 가나요?

B : This train will shortly be calling at Manchester Piccadilly. 이 기차는 맨체스터 피카딜리에 잠깐 정차할 거예요.

★ 이 말도 해석할 수 있다!

When you come to Gangnam, please call at my office for a minute.

▶ ....

정답: 강남에 방문하게 되면, 제 사무실에 잠깐 들러주세요.

at의 그림을 떠올리며 뜻을 유추해 보세요.

1. 방, 부엌 같이 특정 공간이 아닌 '집'에 있다고 말할 때

I'm at my house.

▶ ....

2. 너와 눈이 마주친 순간♬

At that moment, he was looking at me.

▶ ....

3. 너무 부담스럽게 나를 쳐다보는 사람에게 한마디

Could you please not stare at me like that?

▶ ....

4. 친구네서 외박하기 전에 아빠 허락 받기

Dad, probably, I can stay at my friend's place tonight.

▶ ....

5. 타임스퀘어에 가는 버스에 제대로 탔는지 기사님에게 물을 때

Does this bus call at Times Square?

▶ ....

: 정답: 1. 나 우리 집에 있어. 2. 그 순간, 그가 나를 보고 있었다. 3. 부탁인데 저를 그렇게 쳐다보지 말아 주실래요? 4. 아빠, 아마도 저 오늘 친구네 집에서 잘 수도 있어요. 5. 이 버스가 타임스퀘어에 가나요?

공간 안을 찍는

in

전형적으로 뜻을 하나로 못 박아서 외우는 단어입니다. '~안에'라고 외우죠. 하지만 전치사 in은 대단히 고차원적인 녀석입니다. 그래서 본질적인 그림을 이해하고 있어야 하죠.

이제 전치사 in의 그림을 공개하겠습니다. in은 '공간 안을 찍는' 그림입니다. 여기서 '공간'은 물리적인 공간만을 말하는 건 아닙니다. 시간, 날짜와 같은 추상적인 개념들도 모두 다 공간으로 볼 수 있어요.

▶ 유튜브 강의

'공간 안을 찍는다'는 그림이 잘 와 닿지 않을 수도 있습니다. 실제로 in이 사용되는 상황을 보면 조금 더 이해가 쉬울 거예요.

▶ 이전에 다룬 at과 비교해 볼게요. at은 '지점이나 대상을 콕 집는' 그림입니다. 그래서 어디 있냐where are you?는 질문에 I'm at my car.라고 하면 '나 자동차 근처에 있어.'라는 의미였죠. 이렇게 말한다면 어떤 의미일까요?

"I'm in my car."

at과 in의 결정적인 차이는 여기 있습니다. '지점이나 대상을 콕 집는' at과는 달리 in은 공간 안, 내부의 성질을 가지고 있어요. 공간 안을 '찍는' 그림이었죠? 그래서 I'm in my car.이라고 하면 자동차라는 공간 안을 찍고 있는 그림이 되는 거예요. I'm in my car.는 차 안에 있다는 의미이죠.

A : Hey, where are you? 어디야?

B : I'm in my car now. 지금 차 안이야.

★ 이 말도 해석할 수 있다!

I'm studying in the library.
***vs* I'm studying at the library.**

▶ ....

정답: 난 지금 도서관(내부)에서 공부하고 있어. vs 내가 공부하고 있는 장소(지점, 장소 그 자체를 의미)는 도서관이야.

▶ 한국에 길게 놀러 왔던 외국인 친구가 이제 떠날 때가 되었습니다. 아쉬운 표정으로 이렇게 말하네요.

"I'm leaving Korea in two weeks."

in을 '~안에'라고 외우고 2주 '안에' 떠난다고 해석한다면 치명적인 실수입니다. 당장 내일 갈 수도 있고, 다음 주에 갈 수도 있다는 의미

가 되니까요. '공간 안을 찍는' in의 그림을 생각해 보세요. 시간도 공간의 개념으로 볼 수 있다고 말씀 드렸죠? in two weeks는 2주라는 공간을 찍는 겁니다. 그래서 '2주를 찍고 떠난다leaving in two weeks'라는 의미가 되는 거예요. '시간을 찍는다'는 말이 조금 생소하게 들릴 수도 있습니다. 하지만 우리가 흔히 하는 말을 생각해 보세요. 오래 달리기를 훈련하는데 '2시간 찍었다'고 한다면 무슨 의미일까요? '2시간을 채웠다'는 의미겠죠? 그래서 leaving in two weeks는 '2주를 채우고 떠난다', '2주 뒤에 떠난다'라는 말이 됩니다.

A : How long are you planning to stay in Korea?
한국에서 얼마나 머물 계획이야?

B : Sadly, I'm leaving in two weeks.
슬프게도, 나 2주 뒤에 떠나.

★ 이 말도 해석할 수 있다!

Probably, I will be there in 10 minutes.

▶ ....

정답: 아마, 내가 거기로 10분 뒤에 갈 것 같아.

▶️ 영국의 서비스는 한국과 비교하면 답답한 경우가 참 많았습니다. 우리나라에서는 전화 한 통이면 처리될 문제가, 영국에서는 직접 방문해서 해결해야 하는 경우도 많아요. 서비스 센터에 전화를 걸면 이런 표현을 자주 들을 수 있습니다.

"We can't help you online. Please visit our nearest mobile phone shop in person."

우리가 온라인으로는 도와줄 수 없으니We can't help you online 근처 휴대폰 매장으로 방문해 달라Please visit our nearest mobile phone shop라는 말입니다. 그런데 뒤에 붙은 'in person'은 무슨 뜻일까요? 흔히 숙어로 '직접'이라고 외우는 표현이죠. in person이 '직접'이라는 의미가 될 수 밖에 없는 이유는 간단합니다. 사람person이라는 공간을 찍는 것in이기 때문이죠. 사람이 사람을 찍으면 두 사람이 접촉하는, 맞닿은 느낌이죠? 그래서 'in person'이 '직접'이란 의미가 되는 거예요.

A : Could you tell me how to change the data usage on my cell phone contract?
데이터 사용량을 어떻게 바꾸는지 알려 주시겠어요?

B : We can't do that over the phone. Could you please visit us in person?
통화 상으로는 도와드릴 수 없습니다. 저희 매장을 직접 방문해 주시겠습니까?

I'll complain in person.

▶ ....

정답: 내가 직접 항의해야겠어.

▶ 영화 〈맨 인 블랙(Men in Black)〉을 아시나요?

Men in black

Men in black. 자칫하면 '어둠 속의 남자들'로 해석될 가능성도 있습니다. 하지만, in의 '공간 안을 찍는' 그림에서 시작하면 정확한 해석이 가능합니다. 남자들인데Men 그 남자들이 검은색이라는 공간을 찍고 있는in black 거예요. 영미문화에서 black은 검은 양복suit을 의미하기도 합니다. 그래서 '검은 양복을 찍고 있는 남자들'의 그림이 되는데요, 공간을 찍는다는 건 그 공간과 접촉한다는 뜻이죠? 옷과 접촉한다는 것은 옷을 입고 있다는 의미가 되고요. 그래서 Men in black은 '검은 양복을 입고 있는 남자들', '검은 양복의 남자들'이란 의미로 해석할 수 있습니다.

A : Yesterday, I saw a tall guy in black.
어제 검은 양복을 입고 있는 키 큰 남자를 봤어.

B : I saw him too. And he was in weird mask.
나도 그 사람 봤어. 그리고 그 남자 이상한 마스크도 쓰고 있었어.

위 예문의 'in mask'도 마찬가지입니다. 마스크라는 공간을 찍고 있는 그림이니까 '마스크를 쓰다' 라는 의미가 되죠.

★ 이 말도 해석할 수 있다!

My middle school requires all students to be in uniform.

▶ ....

정답: 우리 중학교는 모든 학생들에게 교복을 입기를 요구한다.

in의 그림을 떠올리며 뜻을 유추해 보세요.

1. '나 지금 이불 속에 있다'는 영어로?

Now, I'm [at / in] my bed.

▶ ....

2. 의사 선생님이 진찰 후, 심각한 표정으로 하는 말

It's strange. I think you should visit again in a week.

▶ ....

3. 모든 동물이 땅 위에만 산다는 것은 착각

Some animals like the earthworm live [in / at] the earth.

▶ ....

4. 본인의 문제는 스스로 해결해야 한다.

We should solve the problem in our own way.
Face it in person.

▶ ....

5. 어제 본 섬뜩하게 생긴 여자가 자꾸 떠오른다.

I saw a lady in a black dress yesterday. It was scary.

▶ ....

: 정답 : 1. 나는 지금 이불 속에 있다. (정답: in) 2. 이상하네요. 일주일 뒤에 다시 방문하셔야 할 것 같습니다. 3. 지렁이와
같은 몇몇 동물들은 땅 속에 살기도 한다. (정답: in *at은 지구를 뭉뚱그려 콕 집기엔 커서 틀림) 4. 우리는 우리의 방식으로
(in our way) 문제를 해결해야 한다. 직접 직면하라. (in our way: '우리의 방식'을 공간 개념으로 보고, 그 안을 찍는 그림, 즉
'우리의 방식에서'라는 의미) 5. 어제 검은 옷을 입은 여자를 봤어. 무서웠어.

23

표면에 붙어 있는

on

on은 가장 오해를 많이 받는 전치입니다. 무조건 '~위에'라고 외우는 경우가 많거든요. 그러면 위를 가리키는 above나 up 같은 다른 전치사와 헷갈릴 수 있습니다. on은 '(어디든) 표면에 붙어 있는', '접촉하는' 그림이에요. 가령, 책상 위에 손을 올려놓은 것만 'on the table'이 아니에요. 책상 아래 서랍에 손을 넣어놓고 있어도, 그 옆을 만지고, 붙어만 있어도 'on the table'이라고 표현할 수 있습니다. 위든 아래든 책상이라는 표면에 붙어 있는 상태이기 때문이죠.

'표면에 붙어 있는' on의 그림을 떠올리며 on이 실생활에 쓰이는 다양한 경우를 알아보겠습니다.

▶ 길을 가다가 친구를 우연히 마주쳤습니다. 언제 한 번 만나자는 얘기가 나오고, 내친 김에 약속 시간도 잡았어요.

"Okay, see ya then.
I will be there on time."

곧 만나기로 했을 때 자주 하는 말입니다. '그럼 내일 보자see ya then 거기로 갈게I will be there'라는 의미죠. 그런데 뒤에 붙은 'on time'은 어떻게 이해하면 될까요? on은 '어디든 표면에 붙어 있는' 그림입니다. 시간time도 공간의 개념으로 생각할 수 있다고 했죠? 약속 시간이 오후 6시이니까, 6시라는 공간의 표면에 붙어 있는 그림이죠. 다시 말해 6시에 맞춰서 제 시간에 가겠다는 의미입니다. 그래서 on time이 '제 시간'이라고 해석돼요.

A : Alright, how about tomorrow at 6 p.m.?

좋아, 그럼 내일 오후 6시 어때?

B : Okay, See ya then. I will be there on time.

좋아, 그럼 내일 보자. 제 시간에 갈게.

★ 이 말도 해석할 수 있다!

The train for London will arrive here on time.

▶ ··

정답: 런던행 기차가 제 시간에 도착할 것이다.

▶ 시간이나 날짜를 표현할 때 at은 주로 구체적인 시간을 콕 집을 때, on은 시간보다는 덜 구체적인 월, 일, 요일과 함께 사용하고요.

전원의 on, off 스위치 있죠? on으로 맞추면 전원이 들어오고, off 상태면 꺼집니다. 왜 그럴까요?

"Turn on the switch."

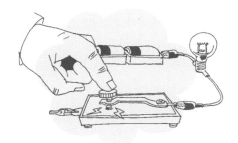

Turn on the switch.는 무슨 의미일까요? turn은 '돌면 상태가 변하는' 그림입니다. turn on은 스위치가 '붙어 있는 상태로 변한' 거죠. 붙으면 전기가 통하겠죠? 그래서 전원이 들어오는 상태가 되고요. 결국 Turn on the switch.는 '전원을 켜 줘.'라는 말이 됩니다. 반대로 Turn off the switch.는 무슨 뜻일까요? off는 '대상에서 떨어지는' 그림을 가졌습니다. 떨어진 상태로 변하면turn off 전기가 통하지 않죠. 그래서 on, off를 각각 '켜짐', '꺼짐'이라고 해석할 수 있습니다.

A : Can you turn off your cell phone?
네 휴대폰 전원 꺼줄래?

B : Oh, sorry! I forgot it was on. 오, 미안! 켜진 거 깜빡했네.

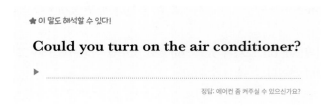

★ 이 말도 해석할 수 있다!

Could you turn on the air conditioner?

▶

정답: 에어컨 좀 켜주실 수 있으신가요?

▶️ on은 어디든 표면에 붙어 있기만 하면 됩니다. 꼭 위에 있지 않아도 돼요. 그래서 이런 표현도 가능합니다.

184

"There is a crack on the ceiling."

crack은 '금', '흠'을 의미합니다. 이 표현은 '금이 가있다there is a crack
천장 표면에on the ceiling'라는 뜻인데요, 만약 on을 '~위에'라고 외웠
다면 '천장 위에'라는 표현은 어색하겠죠? 천장 위에 있는 지붕이나
윗층집을 가리키는 건 아닐테니까요. 여기서는 특정 공간 안을 찍는
그림의 in을 사용해도 괜찮습니다. There is a crack in the ceiling.
천장을 하나의 공간 영역으로 볼 수도 있기 때문이죠.

A : There is a crack on the ceiling. 천장에 금이 가있어.

B : Oh my god. I can't fix it on my own.
　세상에. 나 저거 혼자 수리 못하는데.

대화문에서 사용된 on my own이라는 표현은 '혼자', '스스로'라는
뜻인데요, 스스로, 자신에게 붙어 있는on 그림을 떠올린다면 이해가
쉽죠?

Can you hang this picture on the wall?

▶ ....

정답: 이 사진 좀 벽에 걸어 줄래?

▶️ 수업 들으러 가는 길에 친구와 마주쳤는데요, 친구가 집에서 학교까지 어떻게 다니는지 물어봤습니다. 저는 이렇게 대답했어요.

"I go to school on foot."

어떤 일을 하는데 어딘가에 붙어서 한다면? 그것을 수단이나 방법으로 사용하는 거겠죠? 교통수단도 마찬가지입니다. on foot은 '발'이 수단이 되는 것이기 때문에 걸어간다는 뜻이 됩니다. on bus는 버스가 수단이 되는 거니까 버스를 타고 가는 거고요.

A : I'm traveling to school on foot.
What about you? 난 걸어서 학교 다녀. 넌 어때?

B : I go there on my bike. 나는 자전거 타고 다녀.

★ 이 말도 해석할 수 있다!

We always speak on the phone.

▶ ....

정답: 우리는 언제나 전화로 말한다. (on the phone, 전화가 수단이 됨)

on의 그림을 떠올리며 뜻을 유추해 보세요.

1. 약속 시간에 늘 늦는 친구에게 불신 가득한 목소리로

Are you sure that you can come on time?

▶ ....

2. T-Pain의 노래 중에 이런 가사가 나옵니다. 무슨 의미일까요?

Turn all the lights on!

▶ ....

3. 덜렁대는 친구와 밥을 먹고 나오는 길에 친구 옷을 봤는데

There is a stain on your white shirt.

▶ ....

4. 영어를 독학하는 사람이 할 수 있는 말

I'm studying English on my own.

▶ ....

5. 멋지게 한턱 쏠 때

Hey guys. Everything is on me.

▶ ....

정답 : 1. 너 제 시간에 올 수 있는 거 확실하니? 2. 불 다 켜! (파티 시작해!) 3. 네 하얀 셔츠에 얼룩이 묻었어. 4. 나는 영어를 혼자 공부하고 있어. 5. 얘들아. 내가 다 쏠게! (계산을 하는 상황에서 '나'를 수단으로 삼는 것이기 때문에 내가 다 계산하겠다는 의미)

목적지로 향하는

to

전치사 to는 '~에'라고 외우는 단어입니다. 아예 틀렸다고 할 순 없지만 모든 경우에 일대일 대응하기에는 무리가 있죠. 조금 더 말 랑말랑하게 생각할 수 있도록 도와드릴게요. 활 쏘는 장면을 생각 해 보세요. 활시위를 당겼다 놓으면 화살이 날아가겠죠? 과녁을 향 해서요. 그게 바로 to의 그림입니다. 화살이 과녁을 향하는 것처럼 '목적지로 향하는' 그림이요.

'목적지로 향하는' to의 그림을 상상하며 다양한 쓰임새를 알아봅시다.

▶ 우리가 to를 꼭 쓸 때가 있습니다. 바로 편지 쓸 때입니다.

To Seungmin

편지를 쓸 때 무의식적으로 쓰는 〈to 받는 사람〉은 어떤 의미일까요? 'to 승민'이라면 '승민'이라는 목적지로 향하는 그림을 떠올리면 됩니다. 편지가 전송돼서 승민이를 향해 가는 거죠. 그래서 'to 승민'은 '승민이에게'라는 의미입니다.

A : I'm writing a letter to Seungmin.
   난 승민이에게 편지를 쓰고 있어.

B : So, you have to go to the post office later.
   그럼, 나중에 우체국 가야겠네.

I take the first bus to my school every morning.

▶ ....

▶️ 'to 부정사'는 〈to+동사원형〉을 가리키는데, to 부정사 역시 본질을 쫓아가 보면 결국 to의 '목적지로 향하는' 그림에서 시작됩니다. 축구를 엄청나게 좋아하는 영국인 친구가 이런 말을 합니다.

"I'm waiting for Jason to watch a football match together."

to 부정사가 사용되었지만to watch, 어렵게 생각하지 마세요. to가 동사와 함께 쓰였으니 '어떤 동작을 목적으로 하는' 그림이 됩니다. 차근차근 해석해보면, '나는 제이슨을 기다리고 있는I'm waiting for Jason' 건데요. 함께 축구 경기를 보려는 목적to watch을 가지고 있는 거죠.

매끄럽게 해석하면, '함께 축구 경기를 보려고to watch a football match together 제이슨을 기다리고 있는waiting for Jason' 겁니다.

A : What are you going to do tonight? 오늘밤 뭐할 거야?

B : I'm waiting for Jason to watch a football match together. 축구 경기 같이 보려고 제이슨 기다리고 있어.

★ 이 말도 해석할 수 있다!

I'm here to learn about British history.

▶ ....

정답: 난 영국 역사를 배우러(to learn) 여기에 있다(왔다).

▶ 영국 유학 초기에 위기의 순간이 있었습니다. 쪽지 시험을 보고 있었는데 선생님이 이런 말씀을 하시는 거예요.

"This exam will finish at ten to eleven."

ten to eleven? '시험이 10시에서 11시 사이에 끝날 것이다?'라는 말인 줄 알았어요 그런데 세상에 그런 시험이 어디 있어요? 선생님께 확실한 시간을 다시 여쭤봤지만 인자한 미소와 함께 돌아오는 대답은 'ten to eleven'. 결국 시험이 언제 끝나는 줄도 모르고 헐레벌떡 마무리를 지었던 기억이 납니다. 이 표현 역시 to의 기본 그림을 생각하면 어렵지 않은 표현입니다. 11시라는 목적으로 향하는 거죠to eleven. ten은 10분이라는 의미입니다. 결국 11시라는 목적을 향해 10분인ten to eleven 거니까 10시 50분이 되는 겁니다. 영어권에서는 이런 방식의 시간 표현을 정말 많이 사용한답니다.

A : When does the exam end? 시험 언제 끝나나요?

B : The exam will finish at ten to eleven.
시험은 11시 10분 전(10시 50분)에 끝날 겁니다.

★이 말도 해석할 수 있다!

Let's meet up here again at a quarter to nine.

▶ ....
정답: 여기서 8시 45분에 다시 만나자. *quarter=1/4, 시간에선 15분을 의미함.

▶ 해외여행을 하면 꼭 쓰게 되는 표현이 있습니다.

"How can I get to the nearest bus stop?"

앞서 get은 '움직이는' 그림을 가지고 있었습니다. 거기에 '목적지로 향하는' 그림의 to가 함께 쓰였으니 목적지를 향해 이동하는 get to 의 그림이 그려지네요. 그래서 이 표현은 '어떻게 이동하나요How can I get to, 가장 가까운 버스 정류장으로the nearest bus stop?'라는 의미가 됩니다.

A : How can I get to the nearest bus stop?
가장 가까운 버스 정류장으로 어떻게 가나요?

B : You have to walk for at least 30 minutes. Is that okay for you?
최소 30분정도 걸으셔야 할 거예요. 괜찮으시겠어요?

위 대화문에서 쓰인 준조동사 'have to'도 마찬가지입니다. '소유하면 동작까지 하는' have와 '목적지로 향하는' to의 결합입니다. 동작

194

을 하는데 목적지까지 생겼어요. 목표 의식이 높아지겠죠? 그래서 have to를 '~해야 한다'라고 말할 수 있는 거죠.

I have to go to school on foot, because I need to save money.

▶ ....

정답: 학교에 걸어가야 해, 왜냐하면 돈을 절약해야 할 필요가 있거든.

to의 그림을 떠올리며 뜻을 유추해 보세요.

1. 내가 매일 꾸준하게 운동을 하는 이유

After working out, great ideas always come to me.

▶ ....

2. 우리 집에 왜 왔니, 왜 왔니, 왜 왔니?

I'm here to look for some flowers.

▶ ....

3. 약속 시간 5시 30분과 6시 사이에서 고민하다가

What about meeting up at a quarter to six?

▶ ....

4. PC방에서 1시간치 요금을 충전하고 나서

We have another hour to play the game.

▶ ....

5. 도보 1시간 거리의 관광지에 어떻게 가야하냐고 묻는 여행객에게

You have to take a bus or subway to get there.

▶ ....

196

멀어지는
from

영단어 from의 대개 '~로부터'로 알고 있죠. from을 조금 더 생생하고 유연하게 사용할 수 있는 그림을 알려드릴게요. **나에게 초능력이 생겨서 어디로든 날아갈 수 있다고 상상해 보세요. 지구에서 멀어져서 우주로도 날아갈 수 있죠. 마치 슈퍼맨처럼요. 이게 바로 from의 그림입니다. 어떤 대상으로부터 '멀어지는' 그림이죠.**

▶ 유튜브 강의

'멀어지는' from의 그림을 생생하게 느껴 볼까요?

"This bus departed from Harlem and is heading to Times Square."

▶ 이 문장에서는 from과 to, 전치사가 두 개 사용되었습니다. 어렵지 않아요. 이미 '목적지로' 향하는 그림의 to를 알아봤죠? '대상에서 멀어지는' from과 대조하면 이 예문을 훨씬 쉽게 이해할 수 있어요. '이 버스는 출발했다This bus departed, 할렘이라는 대상에서 멀어져서from Harlem'. 어딘가에서 출발을 하면 출발지에서 멀어지는 건 당연하겠죠? 나머지 문장은 '그리고 향하는 중이다and is heading 타임스퀘어라는 목적지를 향해서to Times Square'라는 의미가 되겠네요. from과 to의 그림과 함께 생각하니 어렵지 않죠?

A : Where is this bus heading to? 이 버스가 어디로 향하나요?

B : This bus departed from Harlem and is now heading to Times Square.
이 버스는 할렘에서 출발해서 지금 타임스퀘어로 향하고 있습니다.

★ 이 말도 해석할 수 있다!

I changed my name from Zayn to Justin.

▶ ....

정답: 나는 내 이름을 제인에서 저스틴으로 바꿨다. (제인이란 이름에서 멀어져서 저스틴이라는 이름으로 향함)

▶ 처음 만난 외국인 친구와 서로 어디서 왔는지 이야기를 하고 있습니다. 이 외국인 친구는 인도에서 왔나 봐요. 인도는 수도인 뉴델리 밖에 몰라서 일단 뉴델리에 사냐고 물어봤어요.

"My place is far from New Delhi. It is in the Tajganj area of Agra, which is close to the Taj Mahal."

차근차근 해석해 볼까요? '우리집은 뉴델리와는 멀어'My place is far from New Delhi. '먼' 그림을 가지고 있는 far과 '대상에서 멀어지는' from이 함께 쓰였습니다. 둘은 그림이 비슷하기 때문에 환상의 궁합이죠. 계속 해석해볼까요? '우리집은 아그라의 타즈간즈에 있어It is in the Tajganj area of Agra 그건which is 타지마할이란 목적지를 향해서 가까워close to the Taj Mahal'이란 의미입니다. 여기서 영어 실수가 많이 나옵니다. 전치사 to 대신 from을 사용하는 실수요close from the Taj Mahal. 우리말로는 '우리집으로부터 가까워'라고 할 수도 있기 때문이죠. 하지만 to와 from의 그림을 이해한다면 어떤 전치사를 써야 할지 직감적으로 알 수 있습니다. to는 목적으로 향하는 그림을, from은 대상에서 멀어지는 그림을 가졌습니다. 그래서 가까운 그림을 가진 close는 멀어지는 from보다는 향하는 to와 훨씬 잘 어울립니다.

A : Where do you live in your country? New Delhi? 너희 나라에서 어디(어느 도시) 살아? 뉴델리야?

B : Far from New Delhi. My house is in the Tajganj area of Agra, which is close to the Taj Mahal.
뉴델리에선 멀어. 우리집은 아그라의 타즈간즈에 있는데 타지마할이랑 가까워.

★ 이 말도 해석할 수 있다!

I live far from my school.
My school is close to the city center.

▶ ....

정답: 나는 학교에서 멀리 떨어져 산다. 우리 학교는 도시 중심가와 가깝다.

▶ 해외에서 외국인을 만나면 가장 많이 하는 말이죠.

"I'm from South Korea."

'나는 대한민국에서 왔어I'm from South Korea.', 사실 정말 기초 표현이라고 할 수 있죠. 이런 말을 하는 상황은 보통 외국에 나와 있는 경우겠죠. 이런 상황에서 현재 한국South Korea이라는 대상에서 멀어진from 상태이죠. 그래서 '내가 한국에서 멀어져서 왔다', 즉 '한국 출신이다'라는 뜻이 되죠.

A : Are you Chinese? 중국인이세요?

B : Nah, I'm from South Korea. 아뇨, 저는 한국에서 왔습니다.

★ 이 말도 해석할 수 있다!

Where do you come from?

▶ ....

정답: 어디서 오셨나요?

▶ from이 다른 동사와 함께 쓰일 때는 어떨까요? '대상에서 멀어지는' 그림과 다른 동사의 그림을 결합하면 됩니다.

"I heard Leonard was seriously hurt. I got it from Ashley."

'레너드가 심하게 다쳤다는 소식을 들은I heard Leonard was seriously hurt' 상황입니다. 그 소식이 에슐리에게서 멀어져서from Ashley, 움직여서 나에게 온I got it거예요. '대상에서 멀어지는' from의 그림과 '움직이는' get의 그림과 결합하니 그림이 그려지죠?

A : I heard Leonard was seriously hurt. I got it from Ashley. 레너드가 심하게 다쳤대. 에슐리한테 들었어.

B : So sad. I thought he escaped injury from the accident.
정말 슬퍼. 그가 사고 부상에서 탈출했다고(안전하다고) 생각했는데.

대화문에서 사용된 escape 역시 '대상에서 멀어지는' 그림을 가지고 있습니다. from도 '대상에서 멀어지는' 그림이잖아요. escape from, 서로 잘 어울리는 이유가 있네요.

★ 이 말도 해석할 수 있다!

I heard it from James. I want to escape from reality.

▶ ....

정답: 제임스에게 그 소식 들었어. 나 정말 현실에서 탈출하고 싶어.

from의 그림을 떠올리며 뜻을 유추해 보세요.

1. 초심을 잃어서는 안 된다는 조언

You should stay the same from beginning to end.

▶ ....

2. 우리 학교의 유일한 단점

The library is located far [to / from] the main campus.

▶ ....

3. 그리고 유일한 장점

But the main campus is near [from / to] the city center.

▶ ....

4. 미국과 영국, 각 나라를 대표하는 스포츠 스타는?

Lebron comes from the US and Harry is from the UK.

▶ ....

5. 혼자 있고 싶을 때 할 수 있는 다양한 말 중 하나

Get away [to / from] me!

▶ ....

정답: 1. 너는 시작부터 끝까지 똑같아야 한다. 2. 학교 도서관은 캠퍼스에서 멀리 떨어져서 위치해 있다. (정답: from)
3. 그래도 캠퍼스는 도시 중심지와 가깝다. (정답: to) 4. 르브론은 미국에서 왔고, 해리는 영국에서 왔다. 5. 나에게서 멀어
져! (정답: from)

26

주고받는 교환의

for

for는 당연히 '~를 위해'라고 생각하실 겁니다. 그런데 이렇게 외워버리면 for의 의미 중 반만 알게 되죠.

for의 그림은 보다 입체적입니다. '주고받는 교환'의 그림이죠. 한쪽만 주는 것이 아니라, 주는 것에 대한 대가가 따르는 그림이에요. 무언가를 받을 때는 그에 대한 대가가 따르잖아요? 이렇게 상호 주고받는 것이 for의 그림입니다.

▶ 유튜브 강의

주고받는 교환의 그림을 생각하며 상황과 예문 속에서 쓰임을 알아볼게요.

▶ 뉴욕에는 '달러 피자'라는 미국인들의 소울푸드가 있습니다. 엄청나게 큰 피자를 한 조각당 1달러에 파는 가게로 뉴욕 어디서나 볼 수 있어요. 주머니 사정이 넉넉하지 않은 여행객들이 자주 찾는답니다.

"In New York, you can get a piece of pizza for a dollar."

순서대로 해석을 하면 '뉴욕에서In New York 당신은 피자 한 조각을 구할 수 있다you can get a piece of pizza'입니다. 이 다음에 for a dollar라는 표현이 나오는데요, '교환하는' for의 그림을 생각하면 그 피자를 1달러a dollar와 바꿀 수 있다는 말이겠죠. 결국 피자 한 조각을 1달러에a piece of pizza for a dollar 살 수 있다는 뜻입니다.

A : How much did you pay for that pizza?

그 피자 얼마 줬어?

B : You can get a piece of pizza for a dollar.
But I got it for nothing.

한 조각은 1달러에 구할 수 있어. 하지만 나는 이거 공짜로 얻었어.

대화문의 got it for nothing 또한 for의 그림을 이해하면 쉽습니다. 피자를 얻은 건데got it, 아무것도 교환하지 않은for nothing 거죠. 그래서 '공짜로 얻다'라는 뜻이 되었습니다.

★ 이 말도 해석할 수 있다!

When I was in England, the grande size of a black Americano was selling for 2.5 pounds.

▶ ....

정답: 내가 영국에 있었을 때, 블랙 아메리카노 그란데 사이즈가 2.5파운드에 팔리고 있었다.

▶ 영화 '수어사이드 스쿼드Suicide Squad'의 주제곡 제목은 'Sucker for pain(고통에 환장한 사람)' 입니다. 이 노래 가사에 이런 내용이 나오는데요.

"I'm a sucker for pain, it is nothing but pain."

suck은 '빨다'라는 의미입니다. 그래서 sucker이라고 하면 '빠는 사람'이죠. 우리말로 무언가를 엄청나게 좋아하는 사람을 가리켜 '빠돌이'라고 하는 것과 비슷한 느낌이죠. 그래서 이 표현은 '나는 빠돌이다I'm a sucker, 무엇을 주고받는for? 고통을pain' 즉, 고통을 주고받을 만큼의 빠돌이, 고통을 즐기는 마조히스트Masochist라는 뜻이에요. 뒤에 나오는 표현은 '그건 아무것도 아니다it is nothing 그저 고통일 뿐but pain'이라고 쭉 해석하면 되고요.

> A : I think sometimes I'm a sucker for pain.
> 난 가끔 고통을 즐기는 사람인 것 같아.

> B : For sure? You could be a masochist.
> 확실해? 너 마조히스트일 수도 있겠다.

대화문에 나온 For sure도 마찬가지입니다. 원어민이 밥먹듯 쓰는 표현인데요. '확실해?'라는 말입니다. 이 말도 풀어보면 확실한 것sure

과 교환할 수 있냐고 물어보는 거예요. 확실함과 맞바꿀 수 있어for sure? 확실해? 라고요.

★ 이 말도 해석할 수 있다!

What is this for?

▶ ....

정답: 이거 어디에 쓰는 거야? (무엇과 교환할 건지를 물어보는 것, 즉 용도를 물어보는 말)

▶ 영국에서 친구와의 약속에 엄청 늦은 적이 있었어요. 친구가 인생공연이라며 엄청 기대하고 있던 공연을 놓칠 뻔한 상황이었죠. 게다가 영국인들은 시간에 예민해요. 헐레벌떡 약속 장소에 도착했는데 역시나, 친구가 성난 얼굴을 하고 있습니다. 그리고는 저에게 이렇게 말하더군요.

*"For fu*k's sake! Are you mad? I have been waiting for ages!"*

갑자기 욕이 나와서 죄송합니다. For fu*k's sake!는 'X발 빌어먹을!' Are you mad?는 '너 미쳤냐'라는 말입니다. 여기서 For fu*k's sake는 영국식 욕이에요. 이 말이 'X발', '빌어먹을'이라는 의미가 되는 이유 역시 for의 '주고받는 교환'의 그림 때문입니다. fu*k은 명사로 'X같음' 정도로 이해하시면 됩니다. 그리고 sake는 이유, 원인을 의미합니다. 즉, X같은 이유를 교환한For fu*k's sake 거죠. 그래서 '아 X같네'라는 의미가 됩니다. 이제 뒷부분을 살펴봅시다. 나는 기다려 왔습니다I have been waiting, 이 기다림을 교환할 만큼요for 무엇과? 엄청나게 오랜 시간ages과요. 결국 waiting for ages는 '아주 오랜 기다림'이라는 말입니다. 화난 상황이니까 '겁나 오래 기다렸다' 정도로 해석할 수 있겠네요.

A : Sorry, I think I might be late for the movie.
미안, 나 영화에 늦을 수도 있을 것 같아.
(late for the movie - 영화와 늦음을 서로 주고받음: 영화에 늦는다)

B : For fu*k's sake! You'd better hurry! I don't want to be waiting for ages!
X같네! 서두르는 게 좋을 거야! 나 오래 기다리기 싫거든!

★ 이 말도 해석할 수 있다!

Probably, he will visit there for more information.

▶ ···

정답: 아마도, 그는 더 많은 정보를 위해 거기 방문할 거예요. (visit for more information; 더 많은 정보와 방문을 교환함. 즉, 더 많은 정보를 얻으려고 방문함)

별다른 이유 없이 잔뜩 심술이 난 아이가 있어요. 아마 배고파서 그런 것 같습니다. 엄마가 아이를 달래기 위해 초콜릿을 들고 이렇게 말합니다.

"This is for you."

선물을 주는 행위는 상대방의 마음을 얻으려는 목적으로 시작됐다고 해요. 선의를 베푸는 데에는 상대방의 마음을 얻으려는 심리가 있다는 것이죠. 그래서 이런 상황에서 쓰이는 표현에 '주고받는 교환의' 그림을 가진 전치사 for가 사용됩니다. 위 표현을 해석하면, '이건This is 너의 마음과 교환하는 거야for you.'라는 뜻이 됩니다. 심술이 잔뜩 난 아이를 달래기 위해 초콜릿을 준다면, 초콜릿에 대한 대가는 뭘까요? 어린아이의 마음이겠죠? 초콜릿을 받고 아이의 기분이 풀어질 수 있잖아요. 결국 초콜릿과 아이의 마음을 교환한 겁니다.

A : Ma'am, I got this wallet on my last trip.
This is for you.

부장님, 제가 지난 여행 때 이 지갑을 구했습니다. 이건 부장님을 위한 겁니다.

B : You don't need to do this for me.

나를 위해 굳이 이럴 필요 없는데.

★ 이 말도 해석할 수 있다!

As a native English speaker, this exam is really difficult, even for me.

▶ ....

정답: 영어 원어민으로서, 이 시험은 어려워, 나 조차도. (difficult even for me 원어민인 나조차도 어려움을 주고받을 정도. 즉, 원어민인 나한테도 어렵다)

for의 그림을 떠올리며 뜻을 유추해 보세요.

1. 큰 세일로 유명한 영국의 박싱데이(boxing day)

You can get very good stuff for a discounted price.

▶ ....

2. 이 세상에 공짜는 없다.

You can't get something for nothing.

▶ ....

3. 내 버킷리스트 중 하나는 유럽여행

After my final exam, I will travel in Europe for sure.

▶ ....

4. 우연히 지나치던 여행지가 너무 마음에 든 나머지

I'm going to stay here for 6 weeks.

▶ ....

5. 좋은 소식을 전하는 친구에게 한 마디

Oh, good for you!

▶ ....

: 정답 : 1. 너는 할인된 가격에 좋은 물건을 구할 수 있다. 2. 공짜로 아무것도 얻을 수 없다. 3. 난 기말고사 끝나면 꼭 유럽 여행 갈 거야. 4. 여기에 6주 동안 머물 겁니다. 5. 오, 잘 됐네! (good for you; 좋은 거랑 맞바꿨네 즉, 너에게 좋네.)

근처, 주변에 있는

about

about은 '~에 관해'는 뜻으로만 알려져 평가절하된 비운의 단어입니다. about의 그림은 우리가 알고 있는 것보다 훨씬 광대합니다. about은 '근처에, 주변에 있는' 그림이에요. 중요한 것은 물리적인 근처뿐 아니라 생각이나 개념 등의 포괄적인 의미의 주변을 말하죠. 가령 A라는 대상이 있다면 물리적 위치부터 형체가 없는 생각까지의 근처를 모두 아울러서 about의 그림이라고 할 수 있습니다.

▶ 유튜브 강의

'근처'를 의미하는 about의 그림을 생각하면서 다양한 예문과 함께 이해를 도와드릴게요.

▶ 뭔가 골똘히 생각하고 있는 친구에게 이렇게 물어봤어요. '뭐 해What's up, mate?' 그러자 친구가 행복한 표정을 지으며 말합니다.

"I'm thinking about my girlfriend."

about은 근처, 주변의 그림이라고 말씀 드렸죠? I'm thinking은 '나 는 생각해' 무엇을 생각할까요? about my girlfriend 즉, '여자친구 근처를'요. 여자친구의 근처를 생각한다는 건, 내 생각이thinking 여 자친구라는 대상 주변에about 있는 거예요. 즉, 여자친구라는 대상에 대해서 생각한다는 말이 되겠죠.

A : Hey, what are you thinking about?

야, 뭘 그렇게 오랫동안 생각하냐?

B : Dude, I'm thinking about my girlfriend.

얌마, 나 여자친구 생각하고 있어.

★ 이 말도 해석할 수 있다!

Please Eddie, think about other people.

▶ ....

정답: 에디, 부탁인데 다른 사람들 생각 좀 해라.

▶ '축구'하면 영국을 빼놓을 수 없는데요. 영국 축구를 보고 있는데 해설자가 이런 말을 하네요.

"There are about 74,000 people in Old Trafford."

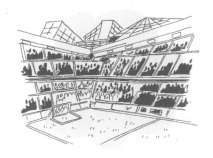

about을 '~에 관해'로 해석하면 이해가 불가능한 문장입니다. 여기서 about의 '주변, 근처의' 그림이 제대로 빛을 발합니다. 74,000명 '근처의, 주변의' 사람들이 있는 겁니다There are about 74,000 people. 올드 트래퍼드에 말이에요in Old Trafford. 74,000명 근처라는 의미, 이해되시나요? 어림잡아 74,000명의 사람들이 있다는 뜻이죠. 이런 맥락에서 about이 '대략'이라는 의미가 되는 거예요.

A : There are about 74,000 people in Old Trafford! 올드 트래퍼드에 약 74,000명의 관중들이 있습니다!

B : The match is going to be amazing!
엄청난 경기가 될 거예요!

★ 이 말도 해석할 수 있다!

**He looks quite young for his age.
Is he about forty?**

▶

정답: 그 사람은 나이에 비해 어려 보여. 한 40살 정도 됐나?

▶ 74,000명의 관객이 모인 축구 경기장의 열기가 어마어마합니다. 이어서 해설자가 이렇게 말합니다.

"The historic match is about to start!"

'about to start'도 about의 그림을 떠올리면 쉽습니다. 역사적인 경기가_{The historic match is} 근처_{about}에 있는 거죠. 시작으로 향할_{to start} 근처에 있는 거예요. 우리가 숙어로 외우는 'be about to~'가 '막 ~하려던 참이다'라는 의미가 되는 원리이죠. 어떤 일의 근처에 있다는 건_{be about to~} 그 일을 시작하기 바로 전이라는 의미니까요.

A : Turn off the TV! We're about to sleep.
    TV 꺼. 우리 이제 잘 거야.

B : Mum, please! An historic match is about to
    start! 엄마 제발요! 역사적인 경기가 이제 막 시작하려고 한단 말이에요!

★이 말도 해석할 수 있다!

I was about to tell you about that!

▶

정답: 나 너한테 그 말 하려고 했는데!

218

원어민들이 자주 사용하는 표현 중에 정말 헷갈렸던 표현이 있습니다. 하루는 런던으로 가려고 기차를 기다리고 있었어요. 근데 열차가 조금 연착된 거예요. 열차가 들어오자 옆에 있던 영국인 할아버지가 이렇게 말씀하시더군요.

"It's about time."

이 말을 처음 들었을 때 정말 혼란스러웠습니다. 저 역시 about을 '~에 관해'라고 외우던 때였거든요. '시간에 관해서? 대체 뭔 소리여~' 하지만 이 또한 about의 본질적인 그림을 이해하고 있으면 어렵지 않습니다. it's about time은 시간 근처, 주변이라는 거죠? 연착된 기차가 도착하고 있는 상황을 고려하면 '(기차가 올) 시간 근처군'이라고 이해할 수 있습니다. 다시 말하면, '이제서야 왔군.'이라는 뜻입니다. '~할 시간이다'라고 달달 외우는 표현 it's about time의 원리입니다.

A : The train for London is now approaching.
Sorry for the inconvenience.

런던 행 기차가 이제 들어오고 있습니다. 불편을 드려 죄송합니다.

B : It's about time. 이제서야 오는구먼.

★ 이 말도 해석할 수 있다!

It's about time you cleaned up your room.

▶

정답: 이쯤이면 방 청소했을 때 됐잖아. (방 청소할 시간이다. 청소 좀 해라)

about의 그림을 떠올리며 뜻을 유추해 보세요.

1. 영알남의 자기소개

   I'm the guy who tells you about English.

   ▶ ....

2. 청렴을 주장하는 정치인이 전재산을 공개하며

   All of my money is about 4,000,000 dollars.

   ▶ ....

3. 그녀에게 전화를 걸려던 차에 전화가 온 운명의 데스티니

   Hey, I was about to call you.

   ▶ ....

4. 영화 시작 시간에 가까스로 맞춰서 도착했다.

   The movie is about to start!

   ▶ ....

5. 카지노에서 계속 잃기만 하는데…

   It's about time I won.

   ▶ ....

: 정답: 1. 저는 여러분에게 영어에 관해서 알려주는 남자입니다. 2. 제 전 재산은 대략 400만 달러입니다. 3. 어, 나 너한테
전화하려고 했어. 4. 영화가 이제 막 시작해! 5. 이제 내가 돈을 딸 때가 되었다.

28

전체의 일부

of

영단어 of는 의심할 필요도 없이 '~의'라는 뜻이라고 생각하셨죠? 그런데 전치사 of는 우리말과 영어를 일대일 대응으로 외우는 학습법의 폐해를 가장 많이 담고 있는 단어입니다. 그래서 of의 그림을 잘 이해하셔야 합니다. **저는 of의 그림을 부분집합으로 그립니다. of는 '전체 중의 일부'라는 그림을 가졌어요.**

▶ 유튜브 강의

'전체의 일부'라는 그림을 가진 of를 떠올려 보세요. 뭔가 큰 대상 안에 속해있는 부분을요. 상상해 보셨나요? 그럼 바로 예문을 살펴볼 게요!

▶ 심심해서 친구에게 뭐하냐고 메시지를 보냈는데요, 이런 대답이 왔습니다.

"I'm thinking of my girlfriend."

이전 시간에 think about이라는 표현이 나왔습니다. 이 문장에 나온 think of와 어떤 차이가 있을까요? 생각하는 중인 것은I'm thinking 똑같습니다. 'think about'은 여자친구 근처, 주변을 생각하는 거예요. 구체적이지는 않고 막연히 '여자친구 생각 중'이라는 의미죠. 반면에 think of는 '전체의 일부'를of 생각하는 거예요. 여자친구라는 대상의 일부를of my girlfriend 말이죠. 여자친구의 일부라고 한다면,

가령 여자친구의 생김새, 몸매, 목소리, 말투, 패션 등 그 사람 전체의 일부분을 떠올리는 겁니다. 그래서 추억을 회상할 때도 보통 think of를 많이 씁니다. 추억도 그 사람 전체에 속한 일부분이잖아요.

A : Hey, what's up? 어이, 뭐하냐?

B : I'm thinking about my girlfriend.
여자친구 (막연하게) 생각하고 있어.

I'm thinking of my girlfriend.
여자친구의 (구체적인 일부를) 생각하고 있어.

★ 이 말도 해석할 수 있다!

Have you ever heard of it?

▶ ....

정답: 이거 (구체적인 대상) 들어본 적 있어?

▶️ 영국에서 자주 볼 수 있는 사인이 있습니다. 바로 이것인데요.

Out of Service

하다가 만 말 같지만 '전체의 일부'인 of의 그림을 생각하면 어렵지 않습니다. 'out of service'라는 건 일단 나갔다out는 거죠. 뭐가요? 서비스라는 전체의 일부of service가요. 그래서 '서비스가 나갔다', '서비스를 하지 않는다' 라는 말이 됩니다. 결국 이 버스는 지금 운행하지 않는다는 의미가 되겠죠.

A : I ran to the bus stop to catch a night bus, but I found out it was out of service.
심야버스 타려고 버스 정류장으로 뛰어갔는데, 운행을 안 한다는 사실을 알게 됐어.

Then I went to the toilet. But it was out of order too. 그리고 나서 화장실에 갔어. 근데 화장실도 고장나 있더라.

위에서 쓰인 out of order도 마찬가지 입니다. order은 기본적으로 규율이 있는, 각을 잡는 그림이거든요. 규율의 일부of order가 나간out 상태니까 고장난 게 되는 거예요. 문맥상 화장실이 고장났다는 의미겠죠.

★ 이 말도 해석할 수 있다!

For a week, our school bus is going to be out of service.

▶ ....

정답: 일주일간 스쿨버스가 운행하지 않을 것이다.

▶ 영국인 친구 중에 한국에 꼭 오고 싶어하던 친구가 있었어요. 그 친구에게 마침내 비행기 티켓을 끊었다는 연락이 왔어요. 언제 오 냐고 물어봤더니 친구가 이렇게 대답하네요.

"I'm going to Korea on the 10th of October."

the 10th of October라는 말을 문자 그대로 받아들이면 '10월의 열 번째'라고 생각할 수도 있어요. 하지만 전체의 일부인 of의 그림 을 생각하면 제대로 이해할 수 있죠. 일단 앞부분은 '나는 한국에 갈 거야I'm going to Korea' 라는 말이에요. 언제 간다는 말이죠? 열 번째 에on the 10th요. 그래서 the 10th of October은 '10월이라는 전체의 열 번째 일부'라는 의미입니다. 즉, 10월 한 달 전체의 열 번째 날, 10 월 10일이라는 말이죠.

A : When are you going to visit Korea? 한국 언제 올 거야?

B : I'm going there on the 10th of October!
10월 10일에 갈 거야!

**I am attending university until April
of this year.**

▶ ....

정답: 나는 올해 4월까지 대학교에 다닐 거야.

▶️ of와 함께 사용되는 동사들도 따지고 보면 대부분 '전체의 일
부'라는 그림과 함께 의미가 그려집니다.

"This football team
consists of 9 players."

consist는 '이루어진', '구성하는' 그림입니다. 그래서 해석을 해보면,
이 축구팀은 구성하고 있는데This football team consists 9명의 선수라는
전체의 일부로of 9 players 구성하고 있는 거죠. 그래서 'consist of'가
'~로 구성된'이라는 의미로 쓰이는 거예요.

A : Now, this football team consists of 9 players.
이제 이 팀은 9명(으로 구성)이야.

B : Two players are out of the match because of
red cards. 두 명의 선수가 레드카드 때문에 경기에서 제외됐어.

★ 이 말도 해석할 수 있다!

This picture reminds me of Dan.

▶ ....

정답: 이 사진이 댄을 생각나게 만들어. (remind of는 전체의 일부를 다시 떠올리게 하는 그림)

of의 그림을 떠올리며 뜻을 유추해 보세요.

1. 친구와 우연히 같은 생각을 하고 있었다면!

I was also thinking of it!

▶ ....

2. 멀리 떠난 남자친구에게 점점 소홀해진다.

Out of sight, out of mind.

▶ ....

3. 애드시런의 노래 가사 중

I'm in love with the shape of you.

▶ ....

4. 핼러윈데이는 언제?

Halloween is always on the 31st of October.

▶ ....

5. 좋은 레스토랑에서 코스요리를 주문했더니 종업원이

Our dinner course meal consists of two appetizers, two main dishes, and a fantastic dessert.

▶ ....

정답 : 1. 그(특정한 일부의) 생각 나도 했어! 2. 보지 않으면, 잊혀진다. (시야의 일부에서 벗어나면, 마음의 일부에서도 벗어난다.) 3. 나는 너의 모습(shape) 일부에 사랑에 빠졌어. 4. 핼러윈데이는 항상 10월(전체의) 31일(31번째 일부)이다. 5. 우리 식당의 저녁 코스요리는 에피타이저 두 개, 메인요리 두 개, 그리고 환상적인 디저트로 구성되어 있습니다.

가까이 다가가는
with

전국민이 '함께'라고 암기하고 있는 전치사일 겁니다. 하지만 우리 말과 영어는 일대일 대응하면 곤란하다는 사실 이젠 다 아시죠? '함께'라는 의미도 결국 with의 기본 그림에서 나온 뜻이에요.

그럼 with의 기본 그림을 알려드릴게요. 어떤 대상에서 '가까운' 그리고 그 대상으로 '다가가는' 이미지를 떠올려 보세요. 결국 서로 가까이에 있기도 하고, 함께 하기도 하는 그림이에요.

▶ 유튜브 강의

'가까운', '다가가는' with의 그림을 떠올려 보세요. 최대한 생생하게 떠올리셔야 합니다.

▶ 영국 대학교 수업 시간에 있었던 일이에요. 당시 저는 영어를 잘 못해서 주도적으로 수업에 참여하기 어려웠죠. 열심히 듣기만 했어요. 그런데 수업을 하시던 교수님이 갑자기 저를 쳐다보며 이렇게 말씀하시더라고요.

"Are you with me?"

너 나랑 함께 있냐고? 무슨 말인지 알 수 없었습니다. 강의실에서 교수님의 수업을 듣고 있으니까 '그렇다yes'고 대답하긴 했지만 너무 찝찝했어요. 나중에 with의 그림을 알고나서 당시 교수님께서 하신 말이 어떤 의미인지 알 수 있었어요. with은 '가까이', '다가가는' 그림입니다. 교수님은 '너 나한테 가까이 왔니Are you with me?'라고 물으신 거죠. 수업 중이었으니 교수님께 가까이 다가갔다기 보다는, 교수님의 수업 내용에 가까이 다가갔냐는 의미겠죠. 그래서 'Are you with me'는 '(수업 내용) 이해하고 있어요?'라는 뜻입니다.

A : Are you with me? 이해하고 있나요?

B : Yes, I'm following you. 네, 이해하고 있습니다.

★ 이 말도 해석할 수 있다!

To be honest with you, my stomach doesn't agree with British food.

▶ ....

정답: 솔직히 말하면, 난 영국 음식이 잘 안 맞아. (to be honest with you : 너에게 솔직히 다가가면: 가까이 다가가서 솔직한 속마음을 털어놓는 그림, agree with British food: 가까이 다가가 동의하는 그림)

▶ 영국에는 테스코(TESCO)라는 대형마트가 있습니다. 무인 계산대에서 계산을 하면 이런 멘트가 나옵니다.

"Thank you for shopping with TESCO."

우리가 기존에 알고 있던 with의 뜻 '함께'로 번역하면 뜻이 이상해집니다. '테스코와 함께 쇼핑해 주셔서 감사합니다'. 좀 이상하죠? 하지만 '가까이', '다가가는' with의 그림을 이해하면 이 말의 의도가 제대로 느껴집니다. '쇼핑해 주셔서 감사합니다thank you for shopping 테스코에 가까이 와서with TESCO'라는 말이죠. 즉, '테스코에 오셔서 쇼핑해 주셔서 감사합니다' 가 되겠네요. 어떤 어감인지 아시겠죠?

A : I paid with a credit card. The self checkout machine was so handy.
카드로 결제했어. 그 무인 계산기 되게 간편하더라.

B : Yeah, and the screen always says "Thank you for shopping with TESCO." 맞아. 그리고 그 기계는 항상 이렇게 말해. "테스코에 오셔서 쇼핑해 주셔서 감사합니다."

pay with a credit card는 '카드로 결제하다'라는 뜻입니다. 결제를 하는데pay 카드로 가까이 다가갔다는with a credit card 것은 결국 '카드를 이용해서' 결제한 거죠. 그래서 '가까이 다가가는' with은 수단의 의미로도 자주 쓰입니다.

★ 이 말도 해석할 수 있다!

How would you like to pay? In cash or with a credit?

▶ ....

정답; 어떻게 결제하시겠어요? 현금인가요, 카드인가요? (현금 결제는 전치사 in을 사용합니다. 현금은 '돈 자체'이지 현금을 대신해서 지불하는 수단이 아니기 때문이에요.)

친구의 표정이 우울해 보여서 걱정이 돼서 '야, 무슨 일 있어Hey, what's up with you?'라고 묻자 친구가 대답합니다.

"I broke up with my boyfriend."

break는 '깨면 변하는' 그림을 가지고 있었죠. 전치사 up은 '아래서 위로 치솟는' 그림이고요. 두 개가 함께 쓰이면 '아래서 위로 치솟는' '변화가 생기는' 그림이 돼요. '뒤집어 엎는' 느낌이죠. 어디 가까이 서with 뒤집어 엎은 건가요? 남자친구boyfriend 가까이서죠. 결국 '남자친구와 가까운with my boyfriend 걸 뒤집어 엎었어I broke up'라는 말이 됩니다. 남자친구와 가깝던 사이가 뒤집어 엎어진 거니까 '관계가 틀어진', '헤어졌다'는 의미가 되는 거고요.

A : Hey, is everything going well with you?
안녕, 잘 지내?

B : So sad. I broke up with my boyfriend.
정말 슬퍼. 나 남자친구랑 헤어졌어.

Everything is going well?이라는 표현은 '모든 게 잘 되고 있냐?'는 의미의 인사인데요, 뒤에 with you가 붙었어요. '당신 근처with you'의 모든 게 잘 되고 있냐고 묻는 건 상대방과 관련된 일들이 잘 되고 있는지 쉽게 말해, '잘 지내?'라는 안부 인사가 되겠죠.

★ 이 말도 해석할 수 있다!

I already broke up with Casey two years ago.

▶ ....

정답: 나 이미 2년 전에 케이시랑 헤어졌어.

▶ 치열한 전쟁이 벌어지고 있는 상황입니다. 그런데 부상을 당한 군인이 발견됐어요. 그의 이름은 다니엘(Daniel) 입니다. 다니엘을 발견한 간호병이 이렇게 외칩니다.

"Hey! Daniel! Come with me!" "Ma'am, could you come to me!?"

앞에서 동사 come은 '가까이 다가가는' 그림이라고 했었죠? 간호병이 부상당한 다니엘에게 뛰어가며 '가까이 다가오라고come 하는 건데요, with me라고 했으니 나에게 '가까이' 오는 거죠. 그래서 Come with me는 '나를 따라와!'라는 뜻입니다. 가까이서with 동행하는 어감이 있죠. 그런데 이때 부상당한 다니엘이 'come to me!'라고 소리쳤어요. to는 '목적으로 향하는' 그림이었죠? 일방적으로 향하는 그림이요. 그래서 이 말은 '나한테 올 수 있어?'라는 의미입니다. 전치사만 바꿨을 뿐인데 어감이 아예 다르죠?

A : Daniel! Can you come with me!?
다니엘! 나를 따라올 수 있겠나!?

B : I'm afraid I can't, ma'am! Could you come to me!?
죄송합니다만 안될 것 같습니다! 제게 와주실 수 있으시겠습니까!?

★ 이 말도 해석할 수 있다!

Won't you stay with me?

▶ ....

정답: 나랑 함께 있어주면 안 돼?

236

with의 그림을 떠올리며 뜻을 유추해 보세요.

1. 부모님이 여행을 가셔서 집에 나와 동생만 남은 상황

I have to stay with my little brother tonight.

▶ ....

2. 교수님을 뵙고 싶다고 했더니 하시는 말

Please come and visit with me some time.

▶ ....

3. 어제는 남자친구와 헤어졌는데 오늘은

Today, I broke off my relationship with an old friend.

▶ ....

4. 외국 레스토랑에서 식사할 때 직원들이 계속 묻는 말

Is everything okay with you?

▶ ....

5. 혼자 병원에 가는 게 무섭다!

I will ask my friend to come with me to the hospital.

▶ ....

정답: 1. 나는 오늘밤 동생과 함께 있어야 한다(동생 근처에 있으면서 동생을 돌보는 어감). 2. 언제 한번 와서 나를 방문해 주세요. 3. 오늘, 나는 오랜 친구와의 관계를 끊었다(break off는 단절하는 그림이므로 '절교'를 말함). 4. 모두 다 괜찮나요(레스토랑에서 내 근처에 있는 건 음식이므로 음식이 괜찮은지 묻는 말)? 5. 친구에게 병원에 따라와 줄 수 있는지 물어봐야겠다.

동등한

as

as는 다의어라는 오명 때문에 여러 개의 뜻을 외워야 하는 전치사로 알고있습니다. 다의어라는 말은 그만큼 단어가 가진 그림이 크다는 말이에요. 그림이 크면 그만큼 다양하게 해석될 가능성이 크죠. 하지만 아무리 그림이 크다 한들 언어의 본질은 하나입니다. 다의어를 암기하더라도 본질적인 의미를 알고 있으면 훨씬 해석하기 좋죠. as의 기본 그림은 '동등한' 그림입니다. 대등한(equal) 느낌을 가지고 있는 녀석이죠.

'동등한' 그림의 as가 다양한 상황에서 어떻게 쓰이는지 알아보죠!

▶ 대학생 때 교수님께서 밥 먹듯 하신 말씀이 있습니다.

"I'm a lecturer as a student."

우선 '나는 강사I'm a lecturer'인데, 바로 다음에 as가 나왔으니 '동등한' 겁니다. 뭐와 동등한가요? 학생a student과 동등한 거예요. 매끄럽게 풀면, '나는 강사이자 학생이다'라는 말이죠. 배움은 절대로 쉬지 않아야 한다는 게 교수님의 철학이었거든요. 교수님의 철학에 딱 들어맞는 말이었죠.

A : Could you tell me about yourself, Dr. Huw?

　　휴 박사님, 자신에 대해 말해주실 수 있으신가요?

B : I would say I'm a lecturer as a student.

　　저는 제가 강사이면서 학생이라고 말씀 드리고 싶어요.

★ 이 말도 해석할 수 있다!

As a student who is attending this school, I want to give my opinion.

▶ ....

정답: 이 학교에 다니는 학생으로서, 제 의견을 제시하고 싶어요. (as a student who is attending this school; 내가 이 학교에 다니는 학생과 같다, 동등하다. 즉, 이 학교에 다니는 학생으로서)

▶ as를 이런 경우에 사용하기도 합니다.

"I was eating as you knocked on my door."

as가 두 문장을 이어주고 있습니다. 하지만 어렵지 않습니다. 본질은 하나니까요. 바로 '동등한' 그림이죠. 여기서 as는 두 문장을 동등하게 이어주는 징검다리 역할을 하고 있습니다. 징검다리 역할을 하는 경우는 보통 두 상황이 동등하게, 동시에 발생할 때예요. '내가 음식을 먹고 있는 상황I was eating'과 '네가 우리 집 문을 노크한 상황you knocked on my door'이 동등한as 관계에 있는 거죠. 그래서 '내가 음식을 먹고 있을 때, 너는 우리 집 문을 두드렸다'라는 의미가 됩니다. 모든 게 동등한as의 그림에서 시작되는 거죠.

A : I kept knocking on the door. What were you doing? 나 계속 문 두드렸어. 뭐 하고 있었냐?

B : I was eating as you knocked on my door.
네가 우리 집 문 두드릴 때 나 뭐 좀 먹고 있었어.

★ 이 말도 해석할 수 있다!

As she grew up, she learned another language.

▶

정답: 그녀는 자라면서 다른 언어도 배웠다.

▶ 〈A as ~ as B〉라는 표현 들어보셨나요? 보통 'A는 B만큼 ~하다' 라고 암기합니다. 하지만 이 표현 역시 as의 본질적인 그림에서 접근하면 암기할 필요가 없습니다.

"This movie is as great as the first one."

이 영화는This movie is 동등합니다as. 훌륭함great과요. 그런데 그게 또 동등합니다as. 바로 첫 번째 작품과the first one 말이죠. 즉, '이 영화는 훌륭하다, 이전 영화와 동등하게'라는 해석이 됩니다. '이 영화는 이전 영화만큼 훌륭하다'라고 매끄럽게 해석할 수 있겠네요.

A : How's the movie? For me, it was awesome.
영화 어땠어? 나한테는 정말 훌륭했어.

B : Totally agree. This movie is as great as the first one. 완전 동의해. 이 영화는 첫 번째 작품만큼 훌륭했어.

★ 이 말도 해석할 수 있다!

Jill is as smart as Jack.

▶ ....

정답: 질은 잭만큼(잭과 동등하게) 똑똑하다.

242

시험을 망친 친구가 이렇게 말합니다.

"I totally failed the exam as last night I played video games all night."

이 표현 역시 동등함의 그림에서 시작합니다. 시험을 완전히 망쳤습니다I totally failed the exam. 그런데 그게 뭐와 동등as한가요? '내가 어제 밤새도록 비디오 게임을 한 것I played video games all night'과 동등하네요. 두 문장 사이의 동등한 관계를 만들어 주는 as는 이와 같은 맥락에선 인과 관계를 만들어 줍니다. 원인이 있어야 결과도 있잖아요. 그래서 원인과 결과는 동등한 가치를 지니고 있습니다. 결국 '내가 비디오 게임을 밤새도록 했기 때문에 시험에 망쳤다'라는 말이 됩니다.

A : Do you think your exam is as good as last time?
지난번 시험처럼 이번 시험도 잘한 것 같아?

B : I'm fuc*ked up. Totally ruined. I failed the exam as last night I played video games all night.
나 X됐어. 완전 망쳤지. 어제 밤새도록 비디오 게임을 하는 바람에 시험을 망쳤어.

★ 이 말도 해석할 수 있다!

As I am pregnant, I cannot drink alcohol.

▶ ....

정답: 나는 임신했기 때문에 술을 마실 수 없어.

as의 그림을 떠올리며 뜻을 유추해 보세요.

1. 영국에서 파는 김치찌개를 먹으며 아쉬움의 한마디

As a Korean, I can say this kimchi soup is not as authentic as the soup in Korea.

▶ ....

2. 나이차가 많이 나는 후배에게 나이부심 부리는 선배

I was preparing for the university entrance exam as you attended kindergarten.

▶ ....

3. 독촉할 때 유용한 표현

Could you reply to this email as soon as possible (ASAP)?

▶ ....

4. 외국 뷔페에 가면 볼 수 있는 문구

This is an 'all you can eat' buffet restaurant. You can get as much food as you want.

▶ ....

5. 약속을 하고 연락불통인 친구에게 메시지를 남겨본다.

I am sending this voice message, as you did not come tonight. After you listen to the message, call me as soon as possible.

▶ ....

: 정답: 1. 한국인으로서 이렇게 말할 수 있다. 이 김치찌개는 한국에 있는 찌개 같은 원조의 맛은 아니다. 2. 네가 유치원에 다닐 때 난 대입시험 준비하고 있었어. 3. 이 이메일에 가능한 한 빨리 답장해 줄 수 있으신가요? 4. 이곳은 뭐든지 다 먹을 수 있는 뷔페입니다. 원하시는 만큼 많은 음식을 드실 수 있습니다. 5. 네가 오늘밤 안 와서 음성 메시지 보내. 이 메시지 듣고 나서, 가능한 빨리 전화 줘.

쫓아가는
after

그림을 이해하지 않으면 크게 손해 볼 수도 있는 전치사 중 하나가 바로 after입니다. '~후에'라고만 알고 있는 경우가 대부분일 텐데요. after은 활용되는 범위가 워낙 넓기 때문에 본질적인 그림을 꼭 이해해야 하는 단어입니다. after의 그림을 느끼실 준비되셨나요? after은 '쫓아가는' 그림입니다. 도둑이 경찰을 쫓는 그림, 쥐가 고양이를 쫓는 그림을 연상하면 쉽습니다. 뒤따라 가는 그림이죠.

'쫓아가는' after의 그림을 그려 보며 이제 상황 속 예문을 하나하나 이해해 보죠.

▶️ 영국으로 가는 공항에서 세관 검사를 위해 줄을 기다리고 있었어요. 제 바로 앞에 노신사가 서 있었는데, 저에게 이렇게 말하시는 겁니다.

"After you."

'당신 이후에'라니. 저는 이해가 되지 않았습니다. 제가 멀뚱하게 서 있으니 신사분도 이해가 되지 않는다는 표정을 짓고 있었고요. 이 표현도 after의 본질적인 그림을 이해하고 있으면 어렵지 않습니다. 줄을 서서 기다리고 있는 상황에서 생각해야 합니다. 쫓는 거죠after. 누구를 쫓나요? 당신you을 쫓는 겁니다. 그래서 '당신을 쫓아가겠다after you', 즉 '당신 먼저 가라'라는 의미입니다. 신사분이 저를 쫓아가겠다고 했으니 저에게 차례를 양보한 거죠.

A : After you. 먼저 가세요.

B : Appreciate it, sir. 정말 감사 드립니다.

★ 이 말도 해석할 수 있다!

**After the class, I will go to the library
to get some books.**

▶ ....

정답: 수업 이후에(수업을 다 쫓고 나서), 책을 빌리러 도서관에 갈 거야.

▶ 물욕이 심한 사람을 어떻게 말할까요?

"He is always after money."

after를 '~후에'로 해석하면 미궁에 빠지게 되는 표현이죠. '그는 항
상 돈 이후에?'. after의 '쫓아가는' 그림을 생각해 볼게요. 그는 항
상He is always 쫓습니다after. 뭘 쫓나요? 바로 돈money을 쫓는 겁니
다. 항상 돈을 쫓는다는 말은 돈을 밝힌다는 말이겠죠?

A : He's always after money. 개 항상 돈을 밝혀.

B : Yeah. And he is so cheap too.
맞어. 게다가 걔는 엄청 짠돌이야.

★ 이 말도 해석할 수 있다!

She is a girl after my heart.

▶ ....

정답: 그녀는 내 마음에 꼭 드는 여자다(girl after my heart 내 마음이 쫓는 여자, 마음에 끌리는 여자)

▶️ 우리가 흔히 하는 영어 실수를 하나 짚고 가도록 하겠습니다. '나 2주 뒤에 여행 갈 예정이야'라는 말을 어떻게 할까요?

"I am going to Italy in two weeks."
vs
"I am going to Italy after two weeks."

얼핏 보면 둘 다 맞는 표현 같습니다. 하지만 in과 after의 그림 차이

가 두 문장의 의미를 완전히 바꿉니다. in은 공간을 '찍는' 그림이라고 했었죠? 그래서 앞문장은 '나는 2주를 찍고in two weeks 이탈리아에 갈 것이다' 즉, '2주 뒤에 이탈리아에 갈 것이다'라는 표현입니다. 뒷문장은 '나는 2주라는 시간을 쫓고after two weeks 이탈리아에 갈 것이다'라고 이해할 수 있습니다. 2주라는 시간을 쫓고 이탈리아에 가는 것이기 때문에 언제 갈지는 확실히 모르는 상황입니다. 정해진 기점을 기준으로 한 in과는 다르게 무조건 쫓기만 하는 after를 사용하면 뜻이 애매해 지죠. 마치 '나는 (언제가 기점인지는 모르지만) 2주 후에 이탈리아에 갈 거야'와 같은 어감입니다. 그래서 원어민들은 이런 말을 할 때 after를 사용하지 않아요.

A : I'm going to Italy in two weeks.　나 2주 뒤에 이탈리아 가.

B : Ah, I want to go there too! I can travel after final exams.　아, 나도 거기 가고 싶다! 난 기말고사 이후에야 갈 수 있어 (기말고사를 쫓고 나서 갈 수 있음).

★ 이 말도 해석할 수 있다!

Could you close the door after you?

▶　

정답: 문 좀 닫아주시겠어요? (당신을 먼저 쫓고 문 좀 닫아주세요; 당신이 먼저 들어오고 문 닫아주세요)

▶ 　오늘은 불금이라 영화도 보고 볼링도 치고 싶습니다. 친구에게 '오늘 밤에 뭐 해What's your plan for tonight?'라고 물어보니까 이렇게 대답하네요.

"I need to look after my little brother."

할 필요가 있습니다ı need to. 볼look 필요가 있는데, 쫓으면서after 보는 거죠. 내 남동생my little brother을 말이죠. 누군가를 쫓아서 본다는 건 그 사람을 주시하며 지켜보는 것입니다. 그래서 look after는 '돌본다'는 뜻이 되죠.

A : What's your plan for tonight? Shall we go out?
오늘 밤 계획이 뭐야? 나가 놀래?

B : Sorry mate. I need to look after my little brother. 미안하다 친구야. 나 오늘 동생을 돌봐야 해.

★ 이 말도 해석할 수 있다!

My little brother takes after me.

▶ ....

정답: 내 작은 남동생이 나를 닮았다. (take after는 나를 쫓아서 소유하는 의미 즉, 내 외모를 쫓아옴)

after의 그림을 떠올리며 뜻을 유추해 보세요.

1. 영어 수업시간에 자주 들을 수 있는 말

Everyone, repeat after me.

▶ ....

2. 여자를 너무 밝히는 친구에게 한마디

You are always going after girls.

▶ ....

3. 5주 후면 졸업여행을 간다!

I'm going on a graduation trip [in / after] five
weeks.

▶ ....

4. 애견카페 정문에 쓰여져 있는 주의 문구

You should look carefully after your dog.

▶ ....

5. 친구의 아들과 친구 외모가 붕어빵일 때

Your son takes after you!

▶ ....

: 정답 : 1. 여러분, 저를 따라 해 보세요(쫓아서 반복해 보세요). 2. 너는 항상 여자를 밝혀(항상 여자를 쫓아가). 3. 나는 5주
뒤에 졸업여행을 가. (정답: in) 4. 당신은 당신의 강아지를 신경 써서 돌볼 필요가 있습니다. 5. 네 아들 널 완전 빼 닮았네(네
외모를 쫓아가네)!

떨어져 나가는
off

영어 사전에서 off를 찾아보면 그 의미가 아주 방대합니다. 앞서 of의 그림을 그린 기억 나시죠? of는 '전체의 일부'라는 그림을 가지고 있습니다. off는 of에 f가 하나 더 붙은 겁니다. 알파벳 f는 '실패하는', '떨어져 나가는', '하강하는' 기원적 의미를 가지고 있습니다. 그래서 off는 전체의 일부(of)에서 떨어지는(f) 그림이 되죠. 정리하자면 off는 전체 대상으로부터 '떨어져 나가는', '하강하는', '실패하는' 그림을 가지고 있습니다.

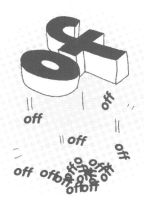

우선 '떨어져 나가는' off의 그림을 상상해 볼게요. '하강하고' '실패하는' 이미지도 같이 떠올려 보세요.

▶　전원 스위치를 떠올려 보세요. on과 off 스위치가 있죠?

Off

on이 '켜다'가 되는 이유는 on의 '접촉하는' 그림 때문이라고 이전 챕터에서 배웠죠. 그럼 off가 '끄다'는 의미가 되는 이유도 추론이 쉬워집니다. 접촉하는 on과 달리 off는 대상에서 '떨어져 나가는', '분리되는' 그림을 가지고 있기 때문이죠.

A : During the exam, everyone must turn off their cell phone.　시험을 보는 동안, 반드시 휴대폰을 끄셔야 합니다.

B : Do I need to turn off my stopwatch?
제 스톱워치도 꺼야 합니까?

Tomorrow is my only day off.

▶ ....

정답: 내일이 나의 유일한 휴일이다(day off; 하루 떨어져있는 날; 쉬는 날).

▶️ 영국 친구들과 대화를 하고 있었어요. 비밀 이야기나 평소엔 하지 않던 속 깊은 얘기를 털어놓는 분위기였습니다. 그때 자주 나온 표현이 있어요.

"This is off the record."

비밀 이야기 중이었으니 뜻을 대강 유추할 수는 있었습니다. 하지만 정확한 의미는 모르겠더라고요. 알고 보니 이런 의미였습니다. record는 '기록'이라는 뜻입니다. 그런 기록에서 떨어져 나갔다는 것off the record은 '기록되지 않는 말', '비밀스러운 말'이라는 의미입니다. '이건This is 비밀인데off the record'라는 의미인 거죠.

A : Umm, this is off the record. 이건 비밀인데.

B : I can guess what you are going to say. Did Suzy break off her relationship with Emily?

네가 무슨 말 하려는지 알 것 같아. 수지가 에밀리랑 절교했어? (break off the relationship: 관계에서 떨어져 나가는 변화, 절교하다)

★ 이 말도 해석할 수 있다!

Are you serious? Is it on the record?

▶ ....

정답: 너 진심이야? 그거 진짜로 하는 말이야?

▶ 축구에 오프사이드offside라는 용어가 있습니다. 상대팀의 최종 수비수보다 뒤로 가서 공을 받으면 파울로 인정하는 규칙이죠.

"Ronaldo took the ball while standing offside."

호날두가 공을 받았는데요Ronaldo took the ball. 그러면서 서 있는 동안에요while standing. 어디에 서 있었나요? 바로 오프사이드offside에서 있었습니다. 있어도 되는 공간side이 아니라, 거기서 떨어져 나간off 공간side에서 공을 받은 거예요. 그래서 파울이 된 거죠.

A : Referee whistled and ruled off Ronaldo. I think he is running off the track.

주심이 휘슬을 불고 호날두를 퇴장시켰어. 난 심판이 뭔가 잘못하고 있는 것 같은데(정상 궤도에서 벗어남).

B : Yeah, he just took the ball while standing offside.

응. 호날두는 그냥 오프사이드(잘못된 위치)에 서 있는 동안 공을 받기만 했는데.

run off는 흔히 '이탈하다', '도망가다'라는 뜻으로 외우실 텐데요. '진행하는' run의 그림과 '떨어져 나가는', '분리되는' off의 그림이 합쳐졌습니다. 진행하던 것이 떨어져 나간 그림이 되죠. 그래서 run off는 일이 예기치 않게 정상에서 벗어나서off 진행되는 어감을 가집니다. 앞서 나온 rule off도 마찬가지 입니다. 규칙rule에서 떨어져 나가는off 그림이기 때문에 '퇴장시키다'라는 의미가 될 수 있죠.

★ 이 말도 해석할 수 있다!

My wife ran off with another man and he was my elementary school friend.

▶ ....

정답: 내 부인이 다른 남자랑 바람을 피웠는데 그 남자는 내 초등학교 친구였다. (run off; 정상에서 떨어져 나가서 진행함, 외도함)

▶ 한 어머니가 아이들을 혼내고 있습니다. 아이들이 식당에서 소란을 피웠거든요. 이 상황을 영어로 어떻게 표현할 수 있을까요?

"A lady is telling off her two sons for making a lot of noise in a restaurant."

한 여성이A lady is 말을 하고 있는데요telling off. 일상적인 말tell에서 벗어난off 말을 하고 있습니다. 그래서 tell off는 '야단을 치다'라는 어감을 갖게 됩니다. 그녀의 두 아들에게 야단을 치고 있는 거죠telling off her two sons. 그런데 야단을 치는 게 무엇에 대한 대가for일까요? 식당에서 소란을 피우는 것making a lot of noise in a restaurant에 대한 대가입니다. 어려운 숙어와 전치사가 많이 나온 것 같지만 그림으로 이해하니 명쾌하게 정리되죠?

A : A lady is telling off her two sons for making a lot of noise in a restaurant.

한 여성이 아이들에게 식당에서 소란을 피운 것을 야단치고 있다.

Her children started crying and ran off.

그녀의 아이들은 울기 시작했고, 달아났다(목적지 없이 일단 달아남).

★ 이 말도 해석할 수 있다!

My father told me off for smoking weed.

▶ ....

정답: 우리 아버지께서 내가 대마초 피운 것을 야단치셨다.

off의 그림을 떠올리며 뜻을 유추해 보세요.

1. 잠에 들기 전에 룸메이트에게 부탁 한마디

Hey, can you please turn off the light as you leave?

▶ ....

2. 바쁜 친구랑 약속을 잡을 때 자주 사용하는 표현

When is your day off this week?

▶ ....

3. 신뢰가 가지 않는 친구의 뒷담화를 하며

He often tells a lie, saying it's 'off the record.'

▶ ....

4. 나도 내가 뭘 하는지 모르겠을 때

I think I am running off the track.

▶ ....

5. 시도 때도 없이 아이를 야단치는 사람을 말리며

Stop telling off your children. They don't deserve to be told off.

▶ ....

: 정답: 1. 저기 나가면서 불 좀 꺼줄 수 있어? 2. 이번 주에 언제 쉬는 날이야? 3. 그는 종종 '이건 비밀인데'라고 말하면서 거짓말을 한다. 4. 내 생각에 나는 정상 궤도에서 벗어난 것 같다. 5. 아이들 그만 야단치세요. 아이들이 혼날 짓까지는 안 했어요.

바로 옆에 있는

by

영어 공부를 할 때 가장 의문스러웠던 전치사가 by였습니다. '~에 의한'이라고 암기한 대로 적용하려니 해석이 안 되는 경우가 많더라고요. by는 보통 수동태(be+p.p)에서 사용되는 경우가 많기 때문에 '~에 의한'이라고 외웁니다. 하지만 본질적인 그림에서 생각하면 왜 by가 수동태에서 쓰일 수 있는지 이해할 수 있습니다. by는 '바로 옆에 있는', '근처에 있는' 그림이거든요.

▶ 유튜브 강의

'바로 옆에 있는' by의 그림을 상상해 볼게요. 그림을 입력했다면 이제 다양한 사용법을 알아볼까요?

▶ 학교에서 교수님이 과제를 내실 때 과제를 제출해야 하는 마감일due date을 함께 언급합니다. '데드라인'이라고도 하는 마감일을 말할 때 자주 사용하는 표현입니다.

"You must bring the assignment to school and submit it by this Thursday."

쭉 번역해 보면, 너는 반드시 과제를 학교로 가져와서You must bring the assignment to school and 제출해야 한다submit it. 그런데 제출을 해야하는 기한이 by Thursday, 목요일 바로 옆에 있습니다. '목요일 바로 옆에'라는 말은 목요일까지, 목요일에 제출해야 한다는 말이죠.

A : Can I have until Thursday to finish the assignment? 목요일까지 과제를 끝내도 되나요?

B : Okay. But you must bring the assignment to school and submit it by this Thursday.
좋아. 그런데 목요일에 학교로 과제를 가져와서 제출해야 한다.

by와 헷갈릴 수 있는 전치사가 until인데요, until은 by와 다르게 지속성이 있습니다. 그래서 마감일까지 과제를 마치겠다는 어감보다는, 마감일이 와도 과제를 계속 할 수도 있는 애매한 어감이 생기죠. 그래서 by보다는 '마감'의 압박감이 덜합니다.

★ 이 말도 해석할 수 있다!

Can I expect the video will be edited by Friday?

▶ ....

정답: 금요일까지 영상이 편집될 거라고 기대해도 되나요?

▶ 다음은, 공항에서 체크인을 하는 상황입니다. 요즘은 여권만 보여주면 알아서 자리도 지정해 주고 짐도 부쳐 주죠. 그런데 저는 구름 보는 걸 좋아해서 창문 가까이 앉고 싶어요. 이렇게 특별히 앉고 싶은 자리가 있는 경우에는 영어로 뭐라고 말해야 할까요?

"Can I have a seat by the window?"

Can I have a seat?은 '자리를 받을 수 있을까요?'라는 뜻입니다. by 니까 옆에 있는 자리예요. 창문the window 옆이죠. '바로 옆에 있는' by의 그림을 떠올리면 by the window가 왜 '창문 옆'인지 이해할 수 있습니다.

A : Would you like to sit by the aisle?
통로(복도)쪽 자리에 앉으시겠어요?

B : Well, can I have a seat by the window?
음, 창가 쪽 자리로 할 순 없나요?

★ 이 말도 해석할 수 있다!

I would like to have a house by the Han River.

▶

정답: 나는 한강 근처에(바로 옆에) 집을 가지고 싶다.

교통수단을 얘기할 때도 by를 씁니다.

"I go to my company by bus."

나는 회사에 갑니다I go to my company. 회사에 가는데 바로 옆by에서 회사에 가네요. 버스bus 옆에서요. 영어 문화에서는 바로 옆에 있는 것이 수단이자 원인이 된다고 했었죠? 그래서 이 표현은, '나는 회사에 간다 버스를 수단 삼아(버스를 타고)'라는 표현이 됩니다. by는 바로 옆에서 '수단'이 되기도 하는 거죠.

A : How do you travel to work? 회사 어떻게 다녀?

B : I go there by bus. And sometimes by foot.
　　거기(회사) 버스 타고 가. 그리고 가끔은 걸어서도 가.

B의 대답에서 by foot은 무슨 뜻일까요? 회사 가는데go there 내 발 바로 근처에서by foot 가는 겁니다. 내 발을 수단으로 회사에 간다는 의미니까 걸어서 간다는 뜻이 되겠죠.

Did you design it by your hand?

▶ ....

▶️ by가 가장 흔히 사용되는 또 다른 경우는 바로 이것입니다.

"The Galaxy series is produced by Samsung Electronics."

갤럭시 시리즈는The Galaxy series is 만들어졌습니다produced. 그런데 바로 옆에서by 만들어졌네요. 바로 삼성전자Samsung Electronics 옆에서요. 어떤 행위와 동작의 바로 옆by에 있다면 그 옆에 있는 것이 동작의 원인이 됩니다. 갤럭시가 만들어진 행위가The Galaxy series is produced 삼성전자 옆에by Samsung Electronics 있는 거예요. 즉, '삼성전자에 의해서 만들어졌다' 라는 번역으로까지 이어질 수 있습니다.

A : I thought Samsung and the Galaxy series is Japanese brand.

난 삼성이랑 갤럭시 시리즈가 일본 브랜드인줄 알았어.

B : It's a Korean brand. The Galaxy series is designed by Samsung Electronics.

한국 브랜드야. 갤럭시 시리즈는 삼성전자에서 디자인 됐어.

★ 이 말도 해석할 수 있다!

This bag was carefully made by a master craftsman's hand.

▶ ....

정답: 이 가방은 장인의 손에 의해 조심스럽게 만들어졌다(made by a master craftsman's hand 가공 장인의 손 옆에서 만들어짐; 장인에 의해 만들어짐).

by의 그림을 떠올리며 뜻을 유추해 보세요.

1. 약속에 늦는 친구를 원망하며

He should be here by now.

▶ ....

2. 마감일 내에 과제를 못 끝내고 교수님께

Can I finish it by Wednesday?

▶ ....

3. 만약 해변에 있는 집에 산다면

I would take a walk by the ocean.

▶ ....

4. 통일이 되면 가능해질 수 있는 일

We can travel around western European countries by train.

▶ ....

5. 외국인에게 한글을 소개해 보자.

Hangeul is the Korean alphabet which was invented by the wise King Sejong.

▶ ....

: 정답 : 1. 걔는 지금쯤(by now; 지금 근처) 왔어야 해. 2. 수요일까지 끝내도 될까요? 3. 해변 근처를 걸을 텐데. 4. 우리는 서유럽 국가로 기차를 타고 갈 수 있다. 5. 한글은 한국의 알파벳인데 현명한 세종대왕에 의해 발명되었다.

넘어가는

over

친구들끼리 편하게 쓰는 말 중 '오버하지 마'가 있습니다. 보통 선을 넘거나 필요 이상의 행동을 할 때 '오버(over)'라는 표현을 쓰잖아요? 그게 바로 영어단어 over의 그림입니다. 우리가 '~위에'라고만 알고 있었던 over의 그림은 '넘어가는' 그림이에요. 단순히 위로 올라가는 그림이 아니라 포물선 운동을 하듯 넘어가는 그림이요.

'넘어가는' 그림 over를 생생하게 상상해 볼게요. 마치 탁구공이 포물선을 그리며 네트를 넘어가는 모습입니다.

▶   학교에서 난리가 났습니다. 어제 수업 중간에 사라진 친구 한 명이 아직도 돌아오지 않고 있거든요. 학교 정문을 지키는 경비 아저씨도 친구를 본 적이 없다고 해요. 그러면서 이렇게 말씀하십니다.

"Probably, he was over the wall."

over는 포물선을 그리며 '넘어가는' 그림이라고 알려드렸죠? 쭉 해석해 보면 아마도Probably, 그가he was 넘어갔다over. 벽을the wall. 즉 '아마도, 그가 벽을 넘어갔다'라는 표현이 됩니다. 벽을 넘으려면 점프를 하거나 기어 올라가서 반대편으로 내려가야 합니다. 그 모습은 자연스럽게 포물선을 그리겠죠? 바로 over의 기본 그림처럼요.

A : The rumor that he had suddenly disappeared spread **over** the school.

그가 사라졌다는 소문이 학교 전체에 퍼졌어.

B : He ran off after his teacher scolded him. I guess he went **over** the wall. 걔네 담임이 그를 꾸짖고 나서 도망쳤어. 내 추측인데 그가 담장(벽)을 넘었을 거라고 봐.

루머가 퍼지는 것The rumor spread도 그냥 퍼지는 게 아니라 마치 포물선 운동을 하면서 넘어가듯over 퍼지겠죠. 그래서 spread over는 전체적으로 확산되는 그림입니다. 담장(벽)the wall을 넘는 것도 그냥 움직이는게went 아니라 마치 포물선 운동을 하면서 넘어가듯over 넘어가겠죠. 그래서 go over이 그냥 가는게 아니라 넘어가듯 가는 겁니다.

★ 이 말도 해석할 수 있다!

The flood spread over the whole country.

▶ ....

정답: 홍수가 나라 전체를 뒤덮었다.

▶ 오늘은 회사에 첫 출근하는 날입니다. 그런데 알람을 잘못 맞춰서 늦잠을 자버렸습니다. 첫날부터 회의에 지각을 하고 말았죠. 상사에게 엄청나게 깨지고 퇴근 후에 술을 한 잔 기울이며 이렇게 한탄합니다.

"I woke up too late and hustled over to my company, but the meeting had already ended."

너무 늦게 일어나서I woke up too late 서둘렀습니다hustled. 뒤로 전치
사over와 to가 이어지는데요, hustle over to는 '서두르는' hustle
과 '넘어가는' over, 그리고 '목적지로 향하는' to의 그림이 합쳐져서
서둘러서 목적지를 향해 넘어갔다는 뜻이 됩니다. 어디로요? 내 회
사my company로요. 하지만 회의가but the meeting had 이미already been
넘어간over 상태였죠. 계획이나 일정이 넘어갔다over는 말은 그 일정
이 끝났다는 말입니다(had already ended). 그래서 '회의가 이미 끝
났다the meeting had already been over'라고 이해할 수 있죠.

A : I woke up too late and hustled to my company,
but the meeting had already been over.
오늘 너무 늦게 일어나서 회사로 서둘러 갔어. 근데 회의가 이미 끝나 있었어.

B : It's all over. Take a rest. 다 끝난 일이야. 좀 쉬어.

'Game over' usually means you have lost the game.

▶ ....

정답: '게임 오버'는 보통 당신이 게임에 패배했다는 걸 의미한다. (game over; 게임이 이미 넘어갔음)

▶️ 해외여행을 하다보면 세계 일주하는 여행객을 종종 만날 수 있는데요, 그들은 이런 말을 많이 합니다.

"I am travelling all over the world."

해석을 해 볼까요? 나는 여행을 하고 있습니다I'm traveling. 세상 전부를 '넘어 다니'면서all over the world 말이죠. 세계를 이곳저곳 넘어 다니며 여행을 한다는 말은 '세계 일주를 한다'는 뜻이죠. 그래서 all over the world는 '전 세계'라는 의미입니다.

A : Where is your next destination? 다음 목적지는 어디인가요?

B : I haven't decided yet. I'm just traveling all over the world randomly.
아직 안 정했어요. 저는 세계 이곳저곳을 여행하고 있습니다.

★ 이 말도 해석할 수 있다!

The teacher will go over to you and give you a new test.

▶ ....

정답: 선생님께서 공부 봐주실 거야 그리고 새로운 시험도 주실 거야. (go over; 선생님이 넘어가서 보는 거니까 공부를 봐주신다는 의미)

▶ 오랜만에 친구를 만났어요. 사업을 하고 있다고 하네요. 친구가 거드름을 피우며 이렇게 말합니다.

"It was my father's business and I took over it last year."

아버지 사업이었는데It was my father's business 내가 소유한 겁니다I took. 그런데 그냥 소유한 게 아니고 넘어가서over 소유를 한 거예요, 작년에요last year. 상황상 넘어간다over는 건 회사의 소유권이 넘어갔다는 소리죠. 그래서 take over은 '인수하다', '물려받다'라는 의미입니다. 정확한 해석은 '아버지 사업을 내가 물려받았다'입니다.

A : I looked over your investment details. What a Mr. big pockets!
제가 당신의 투자 정보를 훑어 봤는데요. 완전 갑부가 따로 없는 걸요!

B : It was my father's business and I took it over.
그건 제 아버지 사업이었어요. 제가 물려받았죠.

대화문에서 쓰인 look over도 마찬가지 입니다. 그냥 보는look 것이 아니라 포물선을 그리듯 넘어가며over 보는 거죠. 그래서 훑어본다는 의미가 됩니다.

★ 이 말도 해석할 수 있다!

Can you take over my work while I'm on a business trip all over the country?

▶

정답: 내가 출장으로 세계를 다니는 동안 내 일을 맡아줄 수 있어?

over의 그림을 떠올리며 뜻을 유추해 보세요.

1. 옥스퍼드 대학교에서 제시하는 합격 요구 조건

At least, grade over B$^+$ on your main subjects is required.

▶ ....

2. 농사를 지을 때 가장 중요한 것은?

We must spread fertilizer over the field.

▶ ....

3. 해외 출장 일정을 얘기할 때

I am going to go over to Frankfurt next week.

▶ ....

4. 영알남이 고등학교 때 꿈꾼 것

I really wanted to meet many people and travel all over the world.

▶ ....

5. 친구가 아주 유망한 회사에서 스카웃 제안을 받았다!

Congratulations! But you need to think twice before you take over that position.

▶ ....

: 정답 : 1. 최소한, 주요 과목에서 B$^+$ 이상의 성적이 요구됩니다. 2. 우리는 반드시 밭에(밭을 아우르며) 비료를 뿌려야 합니다. 3. 나 다음 주에 프랑크푸르트로 넘어갈 거야. 4. 나는 많은 사람들을 만나길 원했고 세계 여기저기를 (넘어다니며) 여행하고 싶었다. 5. 축하해! 하지만 그 자리를 떠맡기 전에 두 번 생각해 볼 필요가 있어.

위로 솟는

up

up이라는 단어를 생각하면 위로 향하는 이미지를 떠올리실 겁니다. 그게 바로 up의 그림입니다. 우리가 알고 있던 대로, 느끼던 대로 말이죠. **엘리베이터가 위로 올라가는 것 같이 위로 솟는 그림을 그려 보세요. 그게 바로 up의 '위로 올라가는' 그림이에요.** 무릎을 직각으로 굽혀 앉았다 일어나는 운동인 스쿼트(squat)를 할 때도 코치들이 구호를 붙일 때 up!이라고 소리치죠. '위로 솟는' 그림의 up, 느낌이 오시죠?

'위로 올라가는', '솟는' 그림의 up을 생각하면서 다양한 실전 표현을
알아볼게요. 준비되셨죠?

▶ 손꼽아 기다리던 영화가 개봉했습니다. 당장 내일 친구들과 보
러 갈 예정이에요. 영화 예매에 앞서 누가 영화를 보러 갈 건지 인원
체크를 하려고 합니다. 옆에 있던 친구한테 물어봤습니다. '너 내일
영화 보러 올 거야Are you coming tomorrow to watch a movie?' 그러자 친
구가 말하네요.

"I'm up for it!"

원어민들이 자주 사용하는 표현입니다. 나는I'm 어떤 대상에 대해
서for it 위로 향하는up 그림입니다. 우리나라에서도 위로 향하는 것
은 긍정적인 이미지를 주잖아요? 영어에서도 마찬가지입니다. 위로
향하는 그림을 가진 단어는 플러스(+), 긍정적인 이미지를 내포합니
다. 즉, 영화를 보러 갈 거냐는 물음에서는 '좋다'라는 의미가 되죠.

그래서 '나는I'm 좋아up 영화 보는 것for it'과 같은 뜻으로 자연스럽게 이해할 수 있죠.

A : Are you coming tomorrow to watch a movie?
내일 영화 보러 올 거야?

B : I'm up for it! 나는 좋아(갈게)!

★ 이 말도 해석할 수 있다!

My flat is now up for sale.

▶ ....

정답: 내 아파트는 지금 판매하려고 내놓았어. (up for sale; 판매에 대해서 긍정적임, 판매할 의향으로 내놓음)

▶ 어린 시절 얘기를 하다 한 친구가 이렇게 말했어요.

"My mum brought up me and my little sister."

bring은 배운 단어죠? '결과를 가져오는' 그림이에요. 거기에 '위로 솟는' up의 그림이 조합된 겁니다. 그래서 bring up은 '위로 솟는 결과를 가져오는' 그림이죠. 어머니가My mum 나와 내 동생을me and my little sister 위로 솟게 하는 결과를 가져오게brought up 한 겁니다. 어머니가 아이들을 '위로 솟게 만든다'는 건 아이들을 '키운다', '양육한다'는 의미겠죠? 매끄럽게 해석하면, '우리 어머니는 나와 내 여동생을 키우셨다.'입니다.

A : I was born in the US, but raised in the UK because I was adopted by British family.
난 미국에서 태어났지만, 영국에서 자랐어. 왜냐면 영국인 가족에게 입양됐거든.

B : As for me, my mum brought me and my little sister up. 내 상황은, 우리 어머니가 나와 내 여동생을 기르셨어.

★ 이 말도 해석할 수 있다!

Could you please not bring up that issue again?

▶ ....

정답: 부탁 드리는데, 그 문제를 다시 꺼내지 말아 주세요.

▶ 영국 생활 초기에 저를 가장 난감하게 했던 표현은 이거였어요.

"What's up, bro?"

간단한 표현인데 어떻게 대꾸할 지 모르겠더군요. 'Hi'라고 할까? 똑같이 'What's up'이라고 해야 하나? what's up의 의미 또한 up의 그림에서 결정됩니다. '올라가는' 그림을 떠올리며 직역하면 '뭐 올라가는 거 있어what's up?'입니다. 영어 문화권에서는 무언가 위로 떠오르면 그게 사건이나 이슈가 된다고 생각해서 결국 '올라온 일(이슈)가 뭐야?', '별 일 있어?'라는 의미가 됩니다. 그래서 'Nothing(없어)' 또는 'I'm good(난 좋아!)' 이런 식으로 대답하면 되죠.

A : Hey, what's up? 어이, 별일 있어?

B : Nothing, I'm good! 없어. 난 좋아(별일 없어)!

★ 이 말도 해석할 수 있다!

Is anything up?

▶ ....

정답: 별일 있어?

▶ What's up말고도 저는 헷갈리게 한 표현이 이거였어요.

"Did Brandon turn up?"

turn은 '돌면 상태가 변하는' 그림을 가지고 있다고 했죠. 디지몬이 빙빙 돌면 진화해서 모습이 바뀌는 것처럼요. 여기에 '위로 솟는' up 의 그림이 추가된 겁니다. 그래서 turn up은 '위로 솟는 상태로 변화하는' 그림이 나오겠네요. 보이지 않던 존재가 위로 짠! 나타나는 그림이요. 그게 바로 turn up의 그림입니다. 그래서 사라진 브랜든을 찾아다니는 상황에서는 '브랜든Did Brandon 눈에 띄었어turn up?'라 는 말로 해석할 수 있어요. 눈에 띄었다는 건 '나타났다'는 말이 되 고요.

A : Did Brandon turn **up**? 브랜든 나타났니?

B : I heard he is still missing. 걔 아직도 행방불명이라고 들었어.

turn up의 뜻이 조금 다르게 쓰이는 경우도 있습니다. 음악 등 볼륨 조절을 할 때는 보다 물리적인 그림이에요. 'Turn up the volume' 이라고 하면, 볼륨을 '위로 솟게 변화시키는' 거죠. 그래서 '볼륨을 높인다'라는 말이 됩니다. 또, 래퍼들이 추임새 넣듯이 'turn up' 이라는 말을 자주 하잖아요. 여기서 turn up은 분위기를 높이는 변화를 주자는 거예요. 그래서 '분위기 좀 띄우자!'의 의미가 되는 겁니다.

★ 이 말도 해석할 수 있다!

I lost contact with James. I hope he will turn up someday.

▶ ....

정답: 나 제임스랑 연락이 끊겼어. 그가 언젠간 나타나길 바라.

up의 그림을 떠올리며 뜻을 유추해 보세요.

1. 캠핑에 신디(Cindy)도 같이 가는지 물어보니까

She's not up for it. She stayed up all night yesterday.

▶ ....

2. 도시 중심부에 집을 구할 때 하는 말

Are any apartments up for sale near the city center?

▶ ....

3. 눈치 없는 친구에게 한마디 할 때

Don't bring up that topic now. It is tactless.

▶ ....

4. 어버이날 편지에 부모님께 감사의 마음을 표현해 보자.

Mum and dad, thank you very much for bringing me and my brothers up.

▶ ....

5. 소중한 물건을 잃어버려서 걱정하는 친구에게 위로의 한마디

It must be somewhere in the house. It will turn up.

▶ ....

: 정답 : 1. 그녀는 안 간대. 어제 밤을 샜대. 2. 시티센터 근처에 아파트 내놓은 곳 없나요? 3. 그 이야기 여기서 꺼내지 마. 눈치 없는 거야. 4. 어머니 아버지, 저와 형제들을 키워주셔서 정말 감사합니다. 5. 반드시 집안 어딘가에 있을 거야. 곧 나타날 거야.

근처를 빙 도는

around

이전에 알아본 전치사 about 기억하시나요? 오늘 알아볼 around
와 about은 비슷한 그림을 갖고 있습니다. 둘 다 '근처', '주변'의
그림을 가지고 있거든요.

하지만 막연한 근처의 그림을 가진 about과는 다르게 around만이
가진 특징이 있습니다. 빙빙 돌 수도 있다는 거죠. 그래서 around
는 '근처를 빙 도는' 그림을 가졌다고 보시면 됩니다.

'근처를 빙 도는' around의 그림을 생각하면서 다양한 영어표현을 알아보죠.

▶ 중국 여행을 하다 외국인들과 동행하게 됐어요. 만리장성으로 가는 버스를 타려고 구글 지도를 이용해서 열심히 정류장을 찾고 있었는데 영국인 한 명이 이렇게 혼잣말을 하더군요.

"The bus stop must be around here."

about과 around의 극명한 차이는 바로 여기에 있습니다. about은 막연한 근처를 나타내는 그림이라 위치, 장소와 같은 물리적인 대상에서는 사용할 수 없습니다. 하지만 around는 구체적인 근처를 나타내는 그림이라서 물리적 대상과 함께 사용이 가능해요. 영국인이 혼잣말로 한 표현을 해석하면, 버스 정류장이The bust stop 분명히 있어must be 바로 여기here 근처를 빙 도는around 곳에. 매끄럽게 해석하

286

면, '그 버스 정류장은 분명히 이 근처에 있어.'라는 말입니다.

A : Have you checked the google map?

구글 맵 확인해 봤어?

B : Yea, the bus stop is around here.

응, 버스 정류장이 이 근처에 있어.

★ 이 말도 해석할 수 있다!

My house is just around the corner.

▶

정답: 우리 집은 바로 모퉁이 근처예요(around the corner; 모퉁이를 중심으로 빙 돌아 근처).

▶ 이번엔 약속 시간을 정하는 두 사람의 대화를 들어 볼게요.

"Alright then, see you around 7 o'clock."

대충 7시쯤 만나기로 한 건 알겠는데, around라는 전치사를 사용했네요. around가 '근처를 빙 도는' 그림을 가지고 있기 때문에 around 7 o'clock은 7시를 기준으로 근처를 빙 두른 시간입니다. 그래서 '대략 7시'라고 해석할 수 있습니다. '좋아Alright then, 대략 7시에 보자see you around 7 o'clock'라는 의미가 되겠네요.

> A : I will see you around 7 p.m.   대략 7시쯤 만나자.
>
> B : Alright then, see you about 7 o'clock!
> 좋아, 7시 근처에 만나(7시 근처를 빙 도는 시점에 만나자는 의미)!

위 예문에서 한 명은 about 7, 다른 한 명은 around 7이라고 말했습니다. 왜 다른 전치사를 사용했을까요? 둘의 차이는 무엇일까요? about과 around의 공통점은 '근처'의 그림을 갖고 있다는 겁니다. 그래서 사실상 둘의 의미 차이는 없어요. '막연하게 7시 근처about 7 p.m.'와 '7시를 빙 두른 근처around 7 o'clock'는 거의 같은 말이죠. 한국말로도 '대략 7시에 만나'와 '7시쯤 만나'는 차이가 없잖아요. 단어의 그림이 비슷하기 때문에 같은 의미가 될 수 있는 거죠.

★ 이 말도 해석할 수 있다!

I usually wake up around six in the morning.

▶

정답: 나는 보통 아침 6시쯤 일어난다.

▶ 외국인 친구들과 친구 뒷담화(?)를 하고 있었어요. 여자를 너무 좋아하는 친구인데요, 그 친구에 대해 누군가 이렇게 말하는 겁니다.

"When it comes to girls, I hate Henderson. He's always getting around."

여자 문제girls에 대한 얘기가 나왔으니 He's always getting around 가 무슨 말인지 대충 이해는 했습니다. get은 '움직이는' 그림이잖아요. around는 '근처를 빙 도는' 그림이고요. 그러면 get around는 '근처를 빙 돌며 움직인다' 즉 '집적거리다'는 의미죠.

A : I was getting around town yesterday and saw Henderson. 나 어제 동네 돌아다니다가 핸더슨 봤어.

B : When it comes to girls, I hate Henderson. He's always getting around.
여자 문제에 대해서는 난 핸더슨이 싫어. 걘 항상 여자들한테 집적대잖아.

대화문의 A의 말에서도 get around가 나왔는데요, getting around town은 '동네 근처를 빙 돌며 움직인다'는 의미예요. 여기서 get around는 근처를around 돌아다닌다get는 의미가 되죠.

★ 이 말도 해석할 수 있다!

Can you find a way to get around to this problem?

▶ ....

정답: 이 문제를 해결할 수 있는 방법을 찾을 수 있나요? ('해결한다'는 의미가 되려면 반드시 get around 에 구체적인 대상으로 향하는 전치사 to가 붙어야 합니다. 만약 to가 없으면 문제 근처를 그냥 훑고 지나간 다, 회피한다는 의미가 됨)

▶ 영국인 아저씨 두 명이 열띤 토론을 하고 있습니다. 경제 이야 기인 것 같아요. 이때 한 명이 희망찬 표정으로 이렇게 말합니다.

"I'm quite sure the economy will turn around."

290

문자 그대로 해석하면, '나는 꽤 확신하고 있다I'm quite sure. 경제가 뒤집어질 거라고the economy will turn around'입니다. 희망찬 표정을 짓고 있어서 비관하는 것 같진 않은데 말이죠. 이 표현도 단어의 그림을 생각하면 쉽습니다. turn과 around 그림의 조합이거든요. turn의 그림은 '돌면 상태가 변하는' 것이죠. 근데 상태가 어떻게 변할까요? '근처를 빙 도는around' 상태로 변하죠. '빙 돈 상태로 변한다'는건 '뒤집어진다'는 거잖아요. 즉, 상황이 바뀐다는 말입니다. 희망찬 표정으로 '경제 상황이 바뀔 거야'라고 말했으니 '경제가 호전될 거야, 나아질 거야'라는 의미이죠.

A : I don't think the British economy will get better soon. 당분간은 영국 경제가 나아질 것 같지는 않네.

B : I'm quite sure the economy will turn around soon. 나는 경제가 곧 회복될 거라고 확신해(경제가 다른 상황으로 뒤집힘; 상황이 바뀜).

turn around는 '상황이 바뀐다'는 의미로 주로 쓰이는데요, 물리적으로 빙 돌 때 쓰이기도 합니다.

★ 이 말도 해석할 수 있다!

Sir, I need to check your body. Could you turn around?

▶ ....

정답: 선생님, 제가 선생님 몸을 검사해야겠습니다. 돌아주실 수 있으신가요? (물리적으로 빙 돈다는 의미)

around의 그림을 떠올리며 뜻을 유추해 보세요.

1. 우리 동네를 소개하며

A subway station and bus stop are around my place.

▶ ....

2. 내일 약속 시간을 맞추지 못할 것 같다.

Sorry, I don't think I can see you around that time.

▶ ....

3. 새로 이사 온 동네에 적응하기 위해서

I need to get around my town on weekends.

▶ ....

4. 눈썹 휘날리게 과제에 매달린 결과

I finally got around to doing all the assignments.

▶ ....

5. 라식수술로 인생이 달라졌다!

After taking eyesight surgery, my life totally turned around.

▶ ....

: 정답 : 1. 지하철 역과 버스 정류장이 우리 집 근처야. 2. 미안, 내 생각에 그 시간에 못 볼 것 같아. 3. 주말에 동네를 좀 돌아다녀야겠어. 4. 나는 마침내 모든 과제들을 해결했다. 5. 시력교정술을 받고, 내 인생은 완전히 달라졌다.

등지는

against

against는 사전을 찾아보면 '~에 반하여'라고 정의되어 있습니다. against도 입체적인 그림을 이해하면 훨씬 재미있는 단어입니다. 지금 앉아있는 의자나 벽 어디든 등을 기대보세요. 그게 바로 against의 그림입니다. against는 '등지는 그림'을 가지고 있어요.

'등지는' against의 그림을 상상해 보세요. 앉아있는 의자에 등을 기대셔도 되고요, 아무데나 기대보세요.

▶ '영국' 하면 축구잖아요? 저도 영국 친구들과 자주 축구를 보러 다녔습니다. 잉글랜드와 콜롬비아가 경기를 하는 날이었어요. 흥분한 영국인 친구가 이렇게 말하더라고요.

"England is going to play a match against Colombia tonight!"

against는 '등지는 그림'이라고 말씀 드렸죠? 잉글랜드가 경기를 할 것이라고England is going to play a match 합니다. 그런데 등지고against 경기를 하네요. 콜롬비아Colombia와 말이에요. 스포츠 경기를 하는데 어떤 대상을 등진다는 건 그 대상에 맞선다는 의미겠죠. 결국 '잉글랜드가 콜롬비아에 대항해 경기를 할 것이다'로 자연스럽게 해석할 수 있습니다.

A : England is going to play a match against
Colombia tonight!

영국이 오늘 밤 콜롬비아에 대항해서 경기를 할 거야!

B : Yea, man! I can't wait! 맞아! 기다릴 수가 없어(빨리 보고 싶어)!

★ 이 말도 해석할 수 있다!

You are always against the rules.

▶ ....

정답: 너는 항상 규칙을 어겨(규칙에 등지고 있음. 즉 규칙을 따르지 않음).

▶ 한 친구가 지하철에 타면 지하철 문에 기대 서있는 걸 좋아했어요. 위험하게 말이에요. 결국 사고가 터지고 말았죠.

"I was standing against the door, but suddenly the door opened."

나는 서있었는데I was standing, 문에 등지고against the door. 그런데 갑

자기but suddenly 문이 열린the door opened 겁니다. 어떤 상황인지 그림이 그려지시나요?

A : I was standing against the door, but suddenly the door opened. 문에 기대고 서 있었는데 갑자기 문이 열렸어.

B : That was close! 큰일날 뻔했다!

★ 이 말도 해석할 수 있다!

Can you put my computer against the wall there?

▶ ....

정답: 제 컴퓨터를 저쪽 벽 쪽에 붙여서(컴퓨터를 벽에 등지게) 놔주실 수 있나요?

▶ 카지노를 무척 좋아하던 아랍인 친구가 있었어요. 어느 날은 완전 죽을상이 돼서 이렇게 말하는 거예요.

"Today was such a bad day. The odds are against me."

odd는 '짝이 안 맞고 허전한' 그림이에요. 뭔가가 잘 '안 맞는' 그림이죠. 그래서 odd number가 '홀수'라는 의미가 되는 거고요. 근데 odd가 복수odds로 쓰이면 '짝이 맞지 않는 것들', '뭔가 안 맞을 수도 있는 것들'의 그림으로 '확률', '운'이란 뜻이 돼요. 그래서 이 표현은 '운이The odds are 나를 등지고 있어against me'라고 해석할 수 있습니다. 무언가가 나와 등지고 있다는 건 우호적인 상황은 아니겠죠? '운이 없다' 정도로 이해할 수 있습니다.

A : How do you feel? 오늘 좀 괜찮니? (기분이 어때?)

B : Fu*king bad. Such a bad day. The odds are against me. X나 나빠. 완전 나쁜 하루야. 나한테 운이 안 따른다.

★ 이 말도 해석할 수 있다!

He always believes ideas against the evidence.

▶ ....

정답: 그는 항상 증거와 반대되는 생각을 믿는다(증거에 등지는 생각; 잘못된 생각).

▶ 전공을 보고 학교를 선택할지 명성이 있는 학교를 선택할지 고민 중인 친구가 있습니다. 평소에 간판이 좋아야 한다는 얘기를 많이 한 친구라 당연히 후자를 택할 줄 알았는데, 명문대 진학을 포기했다고 하네요? 그 친구에게 이렇게 물었습니다.

"I thought your decision was against your will."

'나는 생각했어I thought 너의 결정이your decision was 등지고 있다고against 너의 의지를your will'라는 표현입니다. 결정이 평소 의지와 등진다는 말은, '평소 의지에 반하는 결정이다'라는 의미겠죠.

A : I thought your decision was against your will.
　　Are you really following your heart?　네 결정이 네
　　평소 의지와 반대된다고 생각했어. 너 정말 네 가슴이 시키는 대로 가는 거야?

B : Yes, I'm following my heart.
　　응, 나 가슴이 시키는 대로 하고 있어.

★ 이 말도 해석할 수 있다!

Some people are against smoking and drinking.

▶ ....

정답: 몇몇 사람들은 흡연과 음주에 반대한다.

298

against의 그림을 떠올리며 뜻을 유추해 보세요.

1. 싸움은 정정당당하게

   Two against one is not a fair fight.

   ▶ ....

2. 가구 배치를 다시 하며 친구에게 도움을 요청할 때

   Can you push the table against the wall?

   ▶ ....

3. 소설 〈운수 좋은 날〉은 역설적인 제목이다.

   This is because, in the end, the odds are against
   the main character.

   ▶ ....

4. 매번 부정적인 의견만 내놓는 친구를 떠올리며

   I don't know why Jake is always against the ideas.

   ▶ ....

5. 흡연과 음주를 완전히 금지시키겠다는 법안에 대해

   I will vote against the new bill.

   ▶ ....

: 정답 : 1. 두 명이 한 명과 싸우는 건(등지는 건) 공평한 싸움이 아니다. 2. 이 테이블을 벽 쪽으로(벽에 등지도록) 밀어줄래?
3. 그 이유는 결국 주인공에게 운수가 없기 때문이다. 4. 제이크는 왜 항상 의견에 반대하는지 모르겠어. 5. 새로운 법안에 반
대 투표를 할 거야(법안을 등지고 투표함; 법안에 반대함).

뚫고 들어가는
through

대개 '~를 통해'라고 알고 있는 through는 **'뚫고 들어가는'** 그림을
가지고 있습니다. 관통하는 느낌, 통과하는 느낌 모두 다 through
가 가진 이미지죠. 축구에서 '쓰루 패스(through pass)'라고 하는
패스가 있는데요, 같은 팀에게 공을 패스하는 것이 아니라 상대 팀
선수 사이로 **'뚫고 들어가'** 수비수가 없는 빈 공간으로 공을 패스하
는 것입니다. through의 그림을 잘 나타내는 장면이죠.

뚫고 들어가는 through의 그림을 떠올려 보세요. 쓰루 패스를 상상하셔도 좋습니다. 준비가 되셨다면 다양한 '관통'을 경험해 볼게요.

▶ 총기사고가 난 상황입니다. 경찰이 사망자의 시신을 확인하고 있습니다. 그리고 이렇게 말하네요.

"The bullet went straight through his chest."

'뚫고 들어가는' 이미지를 떠올리셔야 해요. 총알이 직선으로 갔습니다The bullet went straight. 그리고는 무엇을 뚫고 들어갔죠through? 그의 가슴his chest을요. 직관적으로 의미가 와 닿죠? '총알이 그의 가슴을 관통했다'로 매끄럽게 해석할 수 있습니다.

A : What is the cause of death? 사망 원인이 뭐죠?

B : Someone shot him. The bullet went straight
through his chest.
누군가가 총을 쐈습니다. 총알이 그의 가슴을 관통했어요.

★ 이 말도 해석할 수 있다!

**I went through the main gate, but
the security guard stopped me.**

▶ ....

정답: 나는 정문을 통해서 갔다. 하지만 경비원이 나를 막아 섰다.

▶️ 가치 있는 결과를 얻으려면 어떻게 해야 할까요? 노오-력을 해
야겠죠? 이 세상에 저절로 얻어지는 결실은 없을 겁니다. 우리말로
'노력을 통해서 결과를 이뤘다'라는 말을 하잖아요. 영어로도 마찬가
지예요. 뭔가를 뚫고 들어가야 결과가 얻어지죠.

*"You can succeed only
through hard work."*

해석해 보면 '당신은 성공할 수 있다You can succeed 오직 뚫고 들어가야only through 힘든 일hard work을'입니다. '당신은 힘든 일(노력)을 통해서만 성공할 수 있다.'라고 자연스럽게 해석할 수 있겠네요.

A : What did you learn through experience?
경험을 통해서 무엇을 배우셨나요?

B : The thing I have learnt is that we can succeed only through hard work.
제가 배운 건 우리는 노력을 통해서만 성공할 수 있다는 겁니다.

★이 말도 해석할 수 있다!

I don't have a driver license, but I learnt how to drive through the car racing game.

▶ ....
정답: 나는 운전 면허증은 없지만 어떻게 운전하는지를 자동차 게임을 통해 배웠어요.

▶ 예전에 유튜브 콘텐츠로 북한의 상류층 인터뷰를 다뤘던 적이 있었어요. 김정은의 조카뻘 되는 김한솔의 영어를 알아봤거든요. 북한에서 해외로 나가기 위해 필요한 서류들을 처리하는 것이 힘들었다는 말을 하던 중, 그가 사용한 영어 표현 중에 이런 말이 있었어요.

"I had a hard time sorting out the documents, but I finally got through them."

첫 문장은 '저는 힘든 시간을 가졌습니다I had hard time. 서류들을 해결하는데sorting out the documents.'입니다. '하지만 저는 마침내but I finally' 다음에 got through them이 나옵니다. get은 '움직이는' 그림을 가졌죠. 그래서 '뚫고 들어가는' through them과 함께 사용하면, '움직여 뚫고 들어가는' 그림이 완성됩니다. 힘든 시간을 보냈다고 말한 상황에서, '움직여서 뚫고 들어갔다I finally got through them'는 것은 '힘든 시간을 견뎌냈다' 내지는 '극복했다'의 의미가 되겠죠. 결국 '저는 서류들을 해결하느라 힘든 시간을 보냈습니다. 하지만 마침내 해결했어요got through them'라고 해석할 수 있습니다.

A : Could you run through your life in North Korea?

북한에서의 삶에 대해서 말해 주실 수 있으신가요?

B : Everything was not easy even for issuing my passport. I had hard time sorting out the documents, but I finally got through them.

모든 것이 쉽지 않았어요. 심지어 여권을 만드는 것 조차도요. 서류들을 해결하느라 힘든 시간을 보냈어요. 하지만 마침내 해결했습니다.

★ 이 말도 해석할 수 있다!

If you put anything liquid in your carry-on, I don't think you can get it passed customs.

▶

정답 : 네가 만약 가방에 액체류를 넣는다면, 세관을 통과할 수 있을 거라고 생각하지 않는다.

▶ 과제 다 했냐는 친구 질문에 이렇게 대답했어요.

"I just ran through the book."

run through라는 숙어가 나왔습니다. 하지만 단어의 그림을 알면 숙어 표현 통째로 외우지 않아도 돼요. run은 '진행하는' 그림을 가졌다는 것 기억하시죠? through는 '뚫고 들어가는' 그림을 가졌고요. 결국 run through는 어떤 대상을 '뚫고 들어가는 걸 진행하는' 그림입니다. '책을 뚫고 들어가는 걸 진행했다ran through the book'는 의미는 '책을 한번 훑어봤다'라는 의미가 되죠. 그래서 '나는 그냥 책 훑어봤어I just ran through the book'라고 해석할 수 있습니다.

A : Have you done the assignment? 과제 다 했어?

B : Nah, I just ran through the book. I needed to get through it quickly. 아니. 그냥 책만 훑어봤어. 빨리 해야지.

★ 이 말도 해석할 수 있다!

I felt an extreme fear running through me.

▶ ....

정답: 극심한 공포가 나를 훑고 지나가는 걸 느꼈다(공포를 느꼈다). (fear was running through me-공포가 나를 뚫고 들어가서 진행함; 공포감이 나를 감쌈)

through의 그림을 떠올리며 뜻을 유추해 보세요.

1. 친한 친구와 사이가 멀어진 이유

I heard the conversation through the wall.
He was talking badly about me.

▶ ....

2. 이론만큼 중요한 게 실전이다.

We can develop our skills through practice.

▶ ....

3. 이 또한 지나가리라.

Anyway, I am 100% sure that you will get around
or get through the problem.

▶ ....

4. 군대 훈련소 면담에선 이런 말을 할 수도

You may have to run through your background
and family details.

▶ ....

5. 교수님이 과제를 내며 하시는 말씀

Run through this article first and please write a
summary of it.

▶ ....

:정답: 1. 벽을 통해서 대화를 들었어. 그가 나에 대해서 나쁘게 이야기하고 있었어. 2. 우리는 실전을 통해 우리의 기술을 발전시킬 수 있다. 3. 어쨌든, 나는 당신이 문제를 잘 넘기거나 극복할 수 있을 거라고 확신한다. 4. 당신의 배경이나 가족사항에 대해 말해야 할 수도 있어요. 5. 이 글을 훑어보고 요약문을 작성해 주세요.

근처 위의
above

above 역시 막연히 '~위에'라고 외우는 단어입니다. 하지만 up이나 over도 '~위에'라는 뜻이잖아요. 단어의 큰 그림을 알지 못하면 미세한 뉘앙스의 차이를 느낄 수가 없어요.

above는 고대 영어에서 시작됐어요. '바로 옆에 있는' 그림을 가진 bi(by)와 '위를 의미하는' 그림의 ufan(above)이 합쳐진 단어죠. 그래서 오늘날 above는 무언가의 '근처 위의' 그림을 가지게 되었습니다.

'근처 위'라는 above의 그림을 떠올려 볼까요?

▶ 정형외과 의사 선생님이 이렇게 말씀하세요.

"Can you raise your arms above your head?"

쭉 해석하면 '팔을 올려주실 수 있어요Can you raise your arms? '바로 근처 위로above 당신의 머리your head'라는 의미입니다. 팔을 아무리 올려봤자 어쨌든 머리 근처 위above head까지밖에 못 올리겠죠? 그래서 '바로 근처 위'의 그림인 above를 사용했습니다.

A : Can you raise your arms above your head?
머리 위로 팔을 올려 보시겠어요?

B : I feel soreness when I raise my arms above shoulder. 팔을 어깨 위로 들면 살짝 아픈데요.

Can you hang the mirror above that picture frame?

▶

정답: 저 액자 위로 거울을 걸어주실 수 있나요?

▶️ 친한 중국인 친구가 있는데요 그 친구가 커피를 주문할 때 습관적으로 이런 표현을 사용했어요.

"Can you pour some cream ~~above~~ the hot coffee?"

'뜨거운 커피 위에 크림 좀 올려주세요'라는 의미로 above를 사용했습니다. 언뜻 보면 이 표현에는 문제가 없어 보입니다. 주문을 받는 직원도 알아들었고요. 하지만 이 표현에는 영어 실수가 있어요. 눈치 채셨나요? 바로 above의 잘못된 사용입니다. 여기서는 above대신

over를 사용해야 해요. 왜냐하면 above는 '바로 근처 위'의 그림이기 때문입니다. 크림이 가득 올려진 모카 커피를 상상해 보세요. 커피 위에 크림을 얹어달라는 말은 커피 위에 크림을 덮어달라는 의미겠죠? 그래서 '근처 위'를 표현하는 above는 적합하지 않은 거예요. above를 쓰면 크림이 커피 위에 둥둥 떠있는 어감이 되죠. above 대신 조금 더 구체적인, '넘어가는' 그림의 over를 사용해야 합니다.

> A : Can you pour some cream [above / over] the hot coffee? 커피 위에 크림 좀 둘러주실 수 있으신가요?
>
> B : No problem. 그럼요.

★ 이 말도 해석할 수 있다!

Children aged 10 or [over / above] can take this roller coaster.

▶

정답: 나이가 10세 혹은 그 이상의 아이들만 이 롤러코스터를 탈 수 있다. (구체적인 숫자 개념의 나이를 넘어가는(over) 그림)

▶️ 친구와 진지한 이야기를 하고 있었습니다. 미래엔 뭘 할건지, 어떤 가치관으로 인생을 살아갈 건지에 대한 얘기를 나눴어요. 친구가 한 말 중에 가장 기억에 남는 한마디가 있는데요.

"Definitely, I value family time above my work."

일단 '절대적으로, 나는 가치를 둔다Definitely, I value 가족이 함께 보내는 시간에family time'라고 했는데요. 그것들이 '바로 근처 위'에above 있습니다. 바로 나의 일my work '근처 위'예요. 결국, '나는 내 일보다 가족 시간에 더 가치를 둔다'라는 의미로 이해할 수 있습니다. 어떤 대상보다 근처 위에 있다는 건above something 그것보다 더 가치가 있다는 것이겠죠.

A : Which one is more important between work and family? 일과 가족 둘 중에 어떤 게 더 중요해?

B : Definitely family. I value family time above my work. 절대적으로 가족이지. 나는 내 일보다 가족 시간에 더 가치를 둬.

I always think of my son's needs above my own.

▶ ....

정답: 나는 항상 나보다 우리 아들이 원하는 걸 생각해.

▶️ 마트에서 장을 봤는데 식품 포장지에 이런 주의 문구가 쓰여 있었습니다.

"Do not keep this product in any place above room temperature."

'이 상품을 장소에 보관하지 말라Do not keep this product in any place.'고 합니다. 그 장소place는 '근처 위'에above 있는 장소인데요. 상온room temperature '근처 위'에 있는 장소죠. '상온 바로 근처 위에 있는 장

소the place above room temperature'는 상온보다 높은 온도인 장소라는
의미입니다. 그러므로 이 문구는 '상온보다 높은 온도의 장소에 보관
하지 마시오'라는 경고 문구네요.

A : It reads, 'Do not keep this product in any place
above room temperature.'

여기 쓰여 있네. '이 상품을 상온보다 높은 온도의 장소에 보관하지 마시오.'

B : Unfortunately, the average temperature here is
above 20 degree Celsius.

안타깝게도, 여기 평균 온도는 섭씨 20도가 넘어.

★ 이 말도 해석할 수 있다!

**I got my test results and the scores
were all above the average.**

▶

정답: 시험 결과를 받았는데 점수들이 모두 다 평균보다 높았다(평균 위에 있었다).

314

above의 그림을 떠올리며 뜻을 유추해 보세요.

1. 베를린 장벽에서 서독 사람들이 동독 사람들에게 물건을 전달받는 상황

Can you pass the stuff [above / over] the wall?

▶ ....

2. 헬스장에서 스쿼트를 하는데 코치가 이렇게 말한다.

Do not keep your buttocks above your knee level.
Go down lower.

▶ ....

3. 영알남이 영국에서 거주하는 건물은 지하가 클럽이다.

영알남 is living in a flat [up / above] a nightclub on
the first floor.

▶ ....

4. 항상 배려만 하는 친구에게

Hey, sometimes you should value your needs above
other people's.

▶ ....

5. 9월에 바르셀로나에 놀러가자는 친구에게

The average temperature of Barcelona in
September is above 23 degree Celsius.

▶ ....

: 정답: 1. 벽 너머로 물건을 전달해줄 수 있어요? (정답: over *above는 벽 위에 둥둥 떠있는 모습) 2. 너의 엉덩이를 무릎
위치 위로 유지시키지 마라. 더욱 깊이(낮게) 내려가라. 3. 영알남은 지하에 있는 나이트클럽 위에 살고 있다. (정답: above
*up은 위로 솟는 느낌) 4. 이봐, 가끔은 다른 사람들 보다 네가 원하는 거에 가치를 둬. 5. 9월의 바르셀로나 평균 기온은 섭
씨 23도가 넘어.

현재 상태에서 벗어나는

out

out은 단순히 '바깥'이라는 개념으로만 알고 있는 단어죠. 그렇게 생각하면 out의 2차원적인 그림에만 머물 수밖에 없습니다. out 역시 생생한 그림을 떠올려야 합니다. out은 고대 영어의 'ut'이라는 단어에 기원을 두고 있습니다. '바깥'이라는 뜻과 동시에 '없음'을 의미하는 단어였죠. **out은 단순히 '바깥'이나 '야외'의 개념이 아닌, '현재 상태에서 나가는', '벗어나는' 그림입니다. 현재 상태에서 나가면 없어지는 그림이 될 수도 있고요.**

'현재 상태에서 벗어나는' out의 그림을 떠올리며 다양한 영어 표현을 알아볼게요.

▶ 친구들과 공강 시간에 카페에서 만나 수다를 떨고 있었어요. 한 친구가 급히 자리를 뜨며 이렇게 말했어요.

"Alright then, I need to double check my assignment. So I'm out."

'좋아, 그러면Alright then, 나는 과제를 다시 확인해야 돼I need to double check my assignment'까지는 무리 없이 이해할 수 있었습니다. 그렇기 때문에 뒤에서 이어지는 'I'm out'도 뜻을 유추할 수는 있습니다. 그런데 왜 out을 썼을까요? out은 '현재 상태에서 벗어나는' 그림을 갖고 있습니다. 그렇기 때문에 'I'm out'은 '현재 상태인 카페에서 밖으로 나가서 어딘가로 가는' 그림을 그릴 수 있습니다.

A : Are you going out tonight with us?
오늘 우리랑 나가 놀거야?

B : Nah, I need to double check my assignment.
So I'm out.   아니, 나 과제 다시 한 번 확인해야 돼. 그래서 가야겠다.

'간다'는 그림의 go와 '현 상태에서 나가는' 그림의 out이 합쳐진 그림이에요. '현 상태에서 나간다go out'는 의미가 되네요. 결국 go out은 '외출하다', '놀러 나가다'라는 의미가 됩니다.

★ 이 말도 해석할 수 있다!

Get out of here!

▶ ....

정답: 여기서 당장 꺼져! (get out: 현 상태에서 움직여서 나가라는 의미)

▶ 매사 무관심한 친구에 대해 이렇게 얘기합니다.

"Wendy is always trying to stay out of trouble."

우선 '웬디는 항상 하려고 해Wendy is always trying to', 무엇을 하려고 하나요? stay out 하려고 합니다. 무슨 의미일까요? 유지하려는stay 건데요, 현재 상태에서 나가는out 걸 유지하는 거예요. 문제trouble에서 나가는 걸 유지하는 거죠. 그래서 stay out of trouble은 '문제에서 나가있는 상태를 유지하는' 겁니다. 어떤 문제에 관여하지 않는다는 의미가 되죠. 결국 이 말은 '웬디는 항상 문제(곤란한 상황)에 관여하지 않으려고 한다.'는 뜻입니다.

A : Is she out of her mind? 개 정신 나간 거야?

B : No. I think she always tries to stay out of trouble.
아니. 내 생각에 그녀는 항상 문제에 관여하지 않으려고 하는 것 같아.

★ 이 말도 해석할 수 있다!

Hey mate! Let's stay out all night!

▶ ....

정답: 친구! 밤새 놀자! (밤새(all night) 나와있는 상태를 유지하자는(stay out) 거니까 밤을 새우자는 의미)

▶ 　오랜만에 영국 대학교 동창끼리 모였습니다. 서로 안부를 주고받다가 칼럼Callum이라는 친구 이야기가 나왔어요. 과에서 가장 똑똑한 친구였는데 요새 어떻게 지내는지 궁금하더라고요. 그 친구의 안부를 묻자 동창 친구들이 이렇게 말했습니다.

"Unfortunately, he is out of work these days."

안타깝게도Unfortunately 그는he is 현재 상태에서 나와 있다out고 합니다. 어떤 상태죠? 바로 일work입니다. 일을 하는 상태에서 나와 있는out of work 거니까 '일을 하지 않는다'는 의미로 볼 수 있겠네요. 칼럼은 요새 실직한 상태라는 의미가 되겠죠.

A : Did anybody find out any news about Callum?
　　칼럼 소식 들은 사람?

B : Unfortunately, he is out of work these days.
　　안타깝게도, 걔 요새 백수래.

⭐ 이 말도 해석할 수 있다!

In the desert, our car is out of gas.

▶ ....

　　정답: 사막에서 우리 자동차의 연료가 다 떨어졌어. (out of gas; 연료가 있는 상태에서 나가버림)

320

영국 친구들을 불러 한국 음식을 먹었습니다. 다른 나라 사람들에겐 한식이 어떨지 궁금해서 "한식 어때How's Korean food?"라고 묻자 이렇게 대답하더군요.

"It is really great. I would rate this nine out of ten."

'정말 훌륭하다It is really great'라는 말을 듣고 만족스러워 한다는 사실은 알았어요. 그 뒤에는 무슨 말일까요? '현재 상태에서 밖으로 나가는' out의 그림에서 시작하면 쉽습니다. '나는 평가할 듯해I would rate 이 음식을this. 어떻게 평가하나요? 10ten이라는 상태에서 나와out 9nine라는 상태로요. 즉 'nine out of ten'이라고 하면 10점 만점에 9점이라는 의미입니다. 참고로, X out of Y라고 하면 분모 Y의 상태에서 나와out 분자 X가 되는 거예요. 그래서 X/Y가 되죠.

A : How's Korean food? Does the food agree with you? 한국 음식 어때? 음식 잘 맞아?

B : It is really great. I would rate it nine out of ten.
진짜 훌륭해. 10점 만점에 9점 줄 듯.

★ 이 말도 해석할 수 있다!

I guess the score is 90 out of 100.

▶ ....

정답: 나는 100점 만점에 90점으로 추측해.

out의 그림을 떠올리며 뜻을 유추해 보세요.

1. 모임에 빠진 그렉(Greg)의 안부를 묻자

I messaged and called Greg, but he was already chilling out with his friends.

▶ ....

2. 오늘 아침 식사를 못한 이유

I skipped breakfast this morning because we're out of milk.

▶ ....

3. 사사건건 참견하길 좋아하는 친구에게 한마디

It's none of your business. Can you just stay out of it?

▶ ....

4. 레스토랑 구글 평점을 신뢰하는 이유는?

It is really difficult to get a score above 4.5 out of 5.

▶ ....

5. 이런 상황에선 절대로 무리수를 두면 안 된다.

When you feel you are out of time and luck.

▶ ....

: 정답: 1. 그렉한테 메시지 보내고 전화했는데 그는 이미 친구들과 놀고 있었어(chill out은 휴식을 취하다, 놀다라는 의미; 내려놓고 식는 의미 chill과 밖으로 현재 상태에서 나가는 out이 결합됨). 2. 오늘 아침 식사를 걸렀어. 왜냐하면 우리 집에 우유가 다 떨어져서. 3. 네 알 바 아니야. 그냥 관여하지 마. 4. 5점 만점에 4.5점 이상의 점수를 받는 건 정말 어렵다. 5. 당신이 시간과 운이 없다고 느낄 때.

PART 3

조동사
빅픽처 그리기

예문 듣기

조동사가 뭐냐고 물어보면 대부분 '동사를 도와주는 단어'라고 답합니다. 여기서 "동사를 어떻게 돕나요?"라고 질문하면 모르는 경우가 많습니다. 조동사의 역할에 대해서 고민을 해보지 않았기 때문이죠. 조동사는 말의 강도, 가능성을 조절하는 역할을 합니다. 조동사 역시 큰 그림을 그리면 쉽게 머리에 각인할 수 있는데요, 이번 파트에서는 조동사의 그림에 대해 알아보겠습니다.

힘을 가지는
may/might

조동사의 기능이 무엇일까요? 바로 말의 힘을 조절하는 것입니다. 말의 강도와 가능성을 조절하죠. may와 might은 우리가 '아마도' 라고 외우고 있는 조동사입니다. 원래 may는 고대 영어 'mæӡ'에서 유래되었습니다. 이 단어는 원래 '힘을 가지는(to have power)' 이라는 의미였는데요. 그래서 may의 과거 형태인 might가 명사로 쓰이면 '힘' 또는 '권력'이라는 의미가 있죠. may는 '힘을 가지는' 그림을 가졌기 때문에 말에도 힘이 생기는 겁니다. 힘과 더불어 가능성을 내포하기도 하는데요, might와 may는 각각 35%와 40%의 가능성을 내포하고 있습니다.

may와 might의 '힘을 가지는' 그림을 떠올려 보세요. might은 35% 정도, may는 40% 정도 가지고 있습니다.

▶ 여름 휴가 계획을 짜고 있는데 친구가 "여행 어디로 가Where are you travelling to?"냐고 물어봤어요. 제가 "스페인에 간다I am going to visit Spain first"고 대답하니, 이렇게 말하더라고요.

"I may[might] go to Spain as well."

'힘을 가지는' 그림의 may와 might은 각각 40%, 35%로 말의 강도를 조절해준다고 했죠? 그래서 친구가 한 말은 강도가 다소 약한 표현입니다. may와 might의 그림을 생각하면 '나는 스페인에 갈 확률이 40%, 35% 정도 된다.I may[might] go to Spain as well.'이라는 어감이 되죠. 갈 확률보다는 안 갈 확률이 더 높은 거예요. 가능성이 40%인 may 대신 35%의 might를 쓰면 불확실한 어감이 더 늘어나죠. 이런 식으로 말의 강도를 조절하는 것이 바로 조동사의 역할입니다.

> A : I might go to Spain as well.
>
> 나도 스페인 갈 지도 몰라(안 갈 가능성이 더 높음).
>
> B : Really? Cool. I may visit Italy too.
>
> 진짜? 좋다. 나는 이태리에 갈 수도 있어(안 갈 가능성이 더 높음).

★ 이 말도 해석할 수 있다!

He thinks he may[might] be going crazy.

▶ ....

정답: 그는 (가능성이 낮지만) 미칠지도 몰라.

▶️ 해외여행을 처음 갈 때 이런 얘기를 많이 들었어요. '질문할 땐 무조건 may보단 might를 써라!' 그 이유인즉 might가 may보다 더 격식을 갖춘 공손한 표현이라는 거예요.

"Might I get some water please?"

물을 가져다 줄 수 있냐는 뜻입니다. may도 충분히 공손한 표현인데 왜 might를 쓰면 더욱 공손한 표현이 되는 걸까요? 그 이유는 may와 might의 본질적인 차이에서 나와요. 둘 다 '힘을 가지는' 그림이죠. 하지만 might는 가능성이 35% 정도라서 40%인 may보다 힘의 강도가 약합니다. 그래서 말의 강도도 약해집니다. 우리말로 'May I get some water?'이 '물 좀 가져다 주실 수 있을까요?' 같은 어감이라면 'Might I get some water?'은 '물 좀 가져다 주실 수 있으세요? 어렵다면 안 가져오셔도 되고요.' 약한 어감이죠. 조동사가 본질적으로 말의 세기를 조절해 주는 기능을 하잖아요. 그걸 생각하면 쉽게 이해할 수 있죠.

A : Might I get some water?
물 좀 가져다 주실 수 있으신가요? (무리라면 굳이 안 가져와도 된다는 어감)

B : No problem. But it may take a few minutes.
문제 없습니다. 하지만 몇 분 정도 걸릴 수도 있어요.

★ 이 말도 해석할 수 있다!

May[Might] I have your attention please?

▶ ....

정답: (꼭 하셔야 하는 건 아니지만) 집중 해주실 수 있으시겠습니까? (둘 다 공손한 표현이지만 might를 사용하면 may보다 말의 강도가 더욱 약해져서 공손한 느낌)

▶ 한국인이 어려워하는 표현 중 하나가 과거에 대해서 추측하는 표현이라고 합니다. 보통 〈조동사 과거형+have p.p〉는 '~했을 것이

다'라고 외우죠. 하지만 잘 안 외워지죠? 이 역시 본질적인 그림에서부터 시작하면 훨씬 쉬워져요.

"Lucy reassured us, but she might have been mentally hurt."

해석하면, '루시가 우리를 안심시켰다Lucy reassured us, 하지만 그녀는 정신적으로 상처 받았을 것이다she might have been mentally hurt'입니다. 〈조동사 과거형+have p.p〉might have been hurt 부분에 may는 들어갈 수 없습니다. 무조건 might가 와야 해요. 과거의 가능성에 대해 추측하는 상황이니까요. Lucy가 정신적으로 상처받았다는 건 '사실이 아닌 추측'일 뿐입니다. 불확실성이 존재하죠. 그래서 말의 가능성이 더 높은, 사실에 가까운 may(40%)보다 가능성이 조금 더 낮은 might(35%)를 사용해야 막연히 추측하는 어감에 맞는 겁니다.

둘의 어감 차이를 군이 설명하려다 보니 깊게 파고 들었는데요, 실제로 요즘 영어권 국가의 원어민들은 두 단어를 크게 구분하지 않고 사용하는 경우도 있습니다. 하지만 정확한 사용은 〈might+have+p.p〉라는 점을 참고해 두시면 되겠습니다.

A : Lucy reassured us, but she might have been mentally hurt.
루시가 나를 안심시켰지만, 그녀는 아마 정신적으로 상처받았을 거야.

B : Ah okay. I guess she may not attend school next week. 그렇구나. 내 추측인데 그녀는 다음에 학교 못 나올 지도 몰라.
(*이 맥락에서 사실은 하나입니다. 바로 '루시는 다치지 않았음' 이죠. 루시가 다치지 않은 사실을 두고 아마 정신적으로 상처받았을 거라고 추측하고 있는 상황입니다.)

과거와는 달리 미래를 추측할 때는 불확실성만이 존재합니다. 미래는 아무도 모르니까요. 그래서 may와 might 둘 다 쓸 수 있습니다. 위 대화문의 경우 she may not attend도 가능하고 she might not attend도 가능해요. 가능성의 차이만 있을 뿐이거든요.

★ 이 말도 해석할 수 있다!

I heard Hassan collaborated with a new designer. I guess he might have collaborated with Karim.

▶

정답: 하산이 새로운 디자이너랑 콜라보했다고 들었어. 내가 추측하건대 하산은 카림이랑 함께 일했을 거야. (might have collaborated; 하산이 누군가와 콜라보했지만 누군지는 모름. 카림이랑 콜라보했을 거라고 막연히 추측)

▶️ 바로 위에서 다룬 상황은 '루시는 실제로 다치지 않았다는 사실'을 전제로 추측했죠. 이번엔 전제할 사실이 없다고 가정해 볼게요. 루시가 좋지 않은 범죄에 피해자가 되었다는 소문만 들었을 뿐, 정확히 그녀에게 어떤 일이 벌어졌는지 모르는 상황인 거죠.

"Garrett told me that Lucy was a victim. I guess Lucy might[may] have been mentally hurt."

앞선 상황에서는 루시가 마음에 상처를 받지 않았다는 사실이 분명하므로 가능성이 조금 더 높은 may는 될 수 없다고 했습니다. 하지만 이번엔 개럿이란 친구로부터 루시가 피해자가 됐다는 소문만 들었을 뿐Garrett told me that Lucy was a victim이에요. 정확히 그녀가 어떻게 됐는지는 모르는 상황입니다. 이런 경우엔 본질적으로 힘을 가지는 그림, 말에 추측을 더하는 그림을 가진 might와 may가 둘 다 쓰일 수 있습니다. 그래서 해석해 보자면, '내가 추측하건대I guess 루시가Lucy might/may have been 정신적으로mentally 상처받았을hurt 거야'라는 의미가 됩니다.

A : I guess Lucy might[may] have been mentally hurt. 내 생각에 루시는 정신적으로 상처를 입었을 거야.

B : If you don't know, don't guess. She may be fine now. 잘 모르면 넘겨짚지 마. 그녀는 아마 괜찮을 거야.

★ 이 말도 해석할 수 있다!

People told me my mum was so angry, but I think she might have already forgotten about it.

▶ ....

정답: 사람들이 우리 엄마가 매우 화나셨다고 말했다. 하지만 나는 엄마가 이미 다 잊으셨을 거라고 생각한다. (사람들은 어머니가 화나셨다고 했지만 나의 추측(might have p.p)은 어머니는 화난 걸 잊으셨을 거다.)

might/may의 그림을 떠올리며 뜻을 유추해 보세요.

1. 친구가 놀자고 하는데 어쩌면 파티가 열릴지도 모른다.

I may[might] join the party tonight.

▶

2. 호텔에서 방을 구하는 상황. 엄청나게 공손하게 말해 보자.

Might I have a room to stay in for a night?

▶

3. 고급 레스토랑에서 예의를 갖춰 커피를 주문해 보자.

May I have a grande size black Americano?

▶

4. 한국 축구팀의 아쉬운 패배. 심판이 조금 더 공정했더라면

The Korea team might have advanced to the second round.

▶

5. 대한민국에 패한 독일 선수들은 아마도

The German players might[may] have been shocked by the result.

▶

: 정답: 1. 나 아마 오늘 밤 파티에 갈듯해(여전히 못 갈 확률이 더 큼). 2. 제가 하루 머물 방을 얻을 수 있을까요? 3. 그런데 사이즈 블랙 아메리카노 주문할 수 있을까요? 4. 한국팀은 16강에 갔을 수도 있다. (사실과 정반대를 추측함). 5. 독일 선수들은 아마도 결과에 충격 먹었을 것이다(충격 받았을 수도 있고 아닐 수도 있음).

알면 할 수 있는

can/could

묻지도 따지지도 않고 '할 수 있다'라고 외우는 조동사입니다. 가장 흔히 쓰이기도 하고요. 앞서 다룬 '힘을 가지는' may는 가능성이 40%였죠? can은 50% 정도로 더 큰 가능성을 가집니다. 우리가 흔히 말하는 '아는 것이 힘이다', '지식은 칼보다 강하다'가 그냥 나온 말이 아니에요. could도 마찬가지예요. may와 might의 관계처럼 can의 하위호환 버전이라고 생각하시면 됩니다. 가능성은 45% 정도가 되고요.

'알면 할 수 있는' can과 could의 이미지를 떠올려 봅시다. 그림을 알면 할 수 있습니다. 이제 시작해 보죠!

▶ 중요한 자격증 시험을 앞둔 친구가 있었어요. 친구에게 시험 잘 볼 자신있냐고Do you feel confident about the exam? 물어보니 이렇게 대답하더라고요. '잘 할 수 있을지 모르겠다I may do well.' 그래서 제가 이렇게 말했죠.

"No, I'm sure you can do it."

'아냐, 내가 확신하는데 넌 할 수 있어.'라는 말이에요. 조동사의 기능은 말의 세기를 조절하는 거잖아요. can은 50% 정도로 may보다 조금 더 강한 가능성을 의미하죠. may로 말한 친구의 말에 더 큰 가능성을 실어준 거죠.

A : I might do well. 내가 잘할 수 있을지 모르겠다.

B : No, I'm sure you can do it.
아냐. 내가 확신하는데 넌 할 수 있어.

A : Thanks. I feel I could do it. 고마워. 할 수도 있을 것 같아.

대화의 마지막에 친구가 could를 사용해서 대답했습니다. could의 가능성은 45% 정도로 may(40%)와 can(50%)의 사이에 있다고 볼 수 있죠. can은 가능성 50%로 '할 수 있다'는 말입니다. 하지만 반대로 생각하면 못할 가능성 또한 50% 갖고 있는 거예요. 가능성 45%인 could는 못할 가능성이 55%로 조금 더 높고요. 그래서 could는 can에 비해서 자신감이 부족해 보이는 어감이 있습니다.

★ 이 말도 해석할 수 있다!

If you don't finish your homework, the teacher can punish you tomorrow.

▶ ....

정답: 네가 만약 숙제를 끝내지 않는다면, 선생님이 내일 너를 혼내실 수 있다(can- 50% 반반의 확률; 안 혼낼 수도 있음).

▶ 처음 영어회화를 배울 때, 외국에서 요청이나 부탁을 할 때 무조건 can 대신 could를 사용해야 한다는 얘기를 들었는데요. 이유가 뭘까요?

"Could you tell me your name?"

호텔 직원은 왜 could를 사용해서 제 이름을 물어봤을까요? could 가 격식을 갖추는 표현이기 때문인데요, 이유는 간단합니다. can보 다 가능성이 더 낮기 때문이에요. can의 가능성은 50%인데 could는 조금 더 낮은 45%정도라고 했죠? 이름을 알려주지 않아도 되는 가 능성이 55%인 거예요. '(알려주시지 않아도 되지만) 이름 좀 알려주 실 수 있을까요?'라는 공손한 표현인 겁니다. Can you tell me your name?이 '이름 좀 알려줄 수 있어요?'라면 Could you tell me your name?은 '이름 좀 알려주실 수 있으시겠어요?'라는 표현입니다.

A : Could you tell me your name?
이름 좀 알려주실 수 있으신가요?

B : Yes, my name is Seungjun Yang.
네, 제 이름은 승준 양입니다.

338

★ 이 말도 해석할 수 있다!

You could use your cell phone in the lecture room.

▶ ··

정답: 강의실에서 휴대폰 사용하실 수는 있어요. (사용할 수 있는 가능성이 45%, 사용할 수 없는 가능성이 55%로 조금 더 강함, 쓰실 '수는' 있다고 말하는 상황)

▶️ 층간 소음이 너무 심해서 친구가 한숨도 못 잘 뻔 했다고 하네요.

"Last night, I thought I couldn't sleep because of the noise, but I was able to sleep."

앞부분은 '어젯밤Last night, 잘 수 없을 거라고 생각했다I thought I couldn't sleep 소음 때문에because of the noise'라고 해석할 수 있습니다. 뒷부분이 문제인데요. could와 was able to, 둘 중 뭘 선택해야 할지 고민입니다. 해석상으로는 둘 다 '~할 수 있었다'라는 뜻이라 문제

영알남의 영어의 진실 ▶ 339

가 없어 보이는데요, 여기서는 be able to를 사용해야 맞아요. 왜냐하면 내가 잘 수 있었던 건 과거의 '사실'이기 때문입니다. 조동사는 말의 가능성을 조절해 주는 기능을 할 뿐이에요. 그렇기 때문에 이미 일어난 '사실'에 대해서 말할 때는 사용할 수 없죠. 쉽게 생각하면 'could'는 그냥 할 수 있었던 가능성을 말하는 거고, 'was able to'는 할 수 있어서 했다 라는 사실에 대해서 말하는 겁니다.

A : Last night, I thought I couldn't sleep because of the noise, but I was able to sleep. 어젯밤 나는 소음 때문에 잠을 못 잘 줄 알았어. 하지만 잠을 잘 수 있었어(잠을 잔 건 사실임).

B : For me, I could have slept last night, but I didn't because I needed to study. 나는 어젯밤 잘 수 있었어. 하지만 안 잤어. 왜냐면 공부를 해야 했거든(잘 수 있었을 뿐 잠을 잔 건 사실이 아님).

B의 경우 잠을 자지 않았습니다. 잘 수 있었지만 안 잤다고 말하는 상황이기 때문에 〈could+have+p.p〉를 사용한 거죠(could/can have+p.p에 관해서는 뒤에서 설명하겠습니다). 그러나 '실제'로 잠을 잔 경우라면 could/can have+p.p를 사용할 수 없어요. '할 수 있어서 했다'라는 의미인 be able to를 사용해야 하죠.

★ 이 말도 해석할 수 있다!

England could have won the 2018 World Cup, but they were not able to make it.

▶

정답 : 영국이 2018 월드컵을 우승할 수 있었지만, 해내지 못했다.

▶ 어젯밤 친구의 집에서 광란의 파티가 열렸습니다. 소파에서 잠을 자고 일어났는데 친구가 숙취에 절은 표정으로 이렇게 말하더라고요.

"I could have hooked up with Emily last night."

〈조동사+have p.p〉는 '~였을지도 모른다'라는 과거에 대한 추측입니다. 여기서 친구가 사용한 'could[can]+have p.p' 또한 앞서 다룬 'may[might]+have p.p'와 같은 맥락으로 이해하면 됩니다. may를 쓰나 can을 쓰나 둘 다 과거를 추측하는 말이긴 합니다. 다만 차이는 may(40%)보다 can(50%)의 가능성이 높다는 것이죠. can을 사용하면 may보다 가능성이 조금 더 높은 추측이 됩니다. 즉, '나는 가능했었다I could[can] have 에밀리를 꼬시는 게hooked up with Emily 어젯밤에last night'라고 해석할 수 있겠네요. 에밀리를 꼬시지 못했다는 사실은 변하지 않죠. 단지 꼬실 수도 있었다는 가정을 한 것뿐입니다.

A : I could[can] have hooked up with Emily last night. 어젯밤에 에밀리 꼬실 수 있었는데.

B : You couldn't[can't] have succeeded because you were totally fu*ked up.
성공하지 못했을 거야 왜냐면 너 완전 (술에 취해서) 꽐라가 돼있었거든.

이쯤에서 〈can+have p.p〉와 〈could+have p.p〉의 차이점이 궁금해집니다. 큰 차이는 없습니다. 하지만 어감상의 차이는 있어요. 이 차이는 can과 could의 가능성 차이에서 나온다고 보시면 됩니다. can은 50%로 45%인 could보다 가능성이 높죠? 그래서 말의 강도가 더 세져요. 가령 'I can have hooked up with Emily'라고 하면 could보다 조금 더 확신에 찬 어조인 거죠. 물론 '이론적으로'는 과거에 대한 추측을 할 때 could, can 둘 다 〈could/can+have+p.p〉가 될 수는 있습니다. 하지만 실제 원어민들은 대부분 〈could+have+p.p〉를 사용합니다. 왜냐하면 can(50%)은 could(45%)보다 '가능성'이 더 높기 때문에 추측하는 어감이 이상해 져버리기 때문이에요. 그래서 I could have hooked up with Emily가 원어민스러운 표현인 거죠.

★ 이 말도 해석할 수 있다!

I could have done very well on the exam.

▶ ....

정답: 시험 정말 잘 볼 수 있었는데.

can/could의 그림을 떠올리며 뜻을 유추해 보세요.

1. 요리를 할 수는 있는데 살짝 자신이 없다면?

I [can / could] cook.

▶ ....

2. 용돈을 받으려면 최대한 공손하게

Mum, could I have my allowance?

▶ ....

3. 어제 물에 빠져 죽을뻔했다.

I could have drowned in the water, but I [could /
was able to] swim.

▶ ....

4. 허언증이 너무 심한 친구가 이런 말을 한다.

I could have married Kim Taehee, but I didn't.

▶ ....

5. 은사님께 편지를 쓰면서

I couldn't have achieved my goal without you.

▶ ....

: 정답: 1. 요리를 할수는 있다. (정답: could *가능성이 낮은 어감) 2. 엄마, 저 용돈 좀 받을 수 있을까요? (가능성 45%
could를 사용해서 '안 주셔도 되고요.'라는 어감이 내포되어있음) 3. 나 어제 익사할 뻔 했지만, 난 수영을 할 수 있었지. (정
답: was able to *일어난 사실) 4. 나 김태희랑 결혼 할 수 있었어(can have p.p 가능했다는 어조). 근데 안 한 거지. 5. 은사
님이 없었으면 제 목표를 이루지 못했을 거예요.

하는 게 좋은
should

Should 역시 '~해야 한다'라고 잘못 알려져 있는 비운의 조동사입니다. Should는 shall이라는 단어에서 파생된 단어예요. 정작 shall은 현대 영어에서는 많이 사용되지 않습니다. 이 녀석 역시 조동사이기 때문에 말의 가능성을 조절할 수 있어요. '하는 게 좋다는' 것은 할 수도 있고, 안 할 수도 있는 50%보다 조금 더 높아요. 그래서 should는 60% 정도의 가능성을 가지고 있죠. '~해야 한다'라고 막연하게 외우던 어감보다는 조금 약하죠?

▶ 유튜브 강의

'하는 게 좋은' should의 그림을 말랑말랑하게 그려 볼게요.

▶ 외국인 친구와 삼겹살을 구워 먹으러 갔어요. 한국식 '쌈 문화'를 모르는 친구가 하염없이 고기만 먹고 있네요. 그래서 제가 이렇게 말했습니다.

"You should have the pork belly with lettuce."

만약 should를 '~해야 한다'로 외웠다면 이 말을 '너는 삼겹살을 상추와 함께 먹어야 한다'처럼 강요나 명령의 어조로 생각할 수도 있습니다. 하지만 should는 '하는 게 좋은' 그림으로 60% 정도의 권유하는 어감을 가진 단어죠. 그냥 그러라고 권유하는 것일 뿐 꼭 상추와 고기를 함께 먹을 필요는 없어요. 그냥 추천하는 정도인 거죠. 결국 이 말은 '너는 삼겹살을 먹는 게 좋다You should have the pork belly 상추와 함께with lettuce' 정도의 어감을 가집니다.

A : You should have the pork belly with lettuce.

삼겹살을 상추와 함께 먹으면 좋아.

B : Oh, is it the Korean way? I should try it.

오, 그게 한국식이야? 한번 해 보는 게 좋겠어.

★ 이 말도 해석할 수 있다!

I may/can/should study English.

▶ ....

정답: 나는 영어공부를 할 지도 모른다(40%)/할 수 있다(50%)/하는 게 좋겠다(60%).

▶ 시험을 망친 친구가 후회 가득한 표정으로 이렇게 말합니다.

"I went to bed early last night, but I should have studied more."

〈조동사 과거형+have p.p〉 기억하시죠? 〈should+have p.p〉 역시

과거에 대해서 이야기한다는 점에서는 똑같습니다. 해석을 하면, '나는 어젯밤 일찍 잠에 들었다I went to bed early last night, 그러나but 나는 책임감이 느껴졌다I should have 더 공부를 하는studied more'이죠. 즉, '어젯밤에 더 공부를 하는 게 좋았다I should have studied more'라는 의미고요. 결국 '어젯밤에 공부를 좀 더 하고 잘걸...' 하고 후회하는 뉘앙스인 겁니다. 그래서 〈should+have p.p〉를 '~했어야 했다'라고 외우는 겁니다. 이 의미도 should의 60% 정도로 '하는 게 좋은', '의무감이 느껴지는' 그림에서 된 겁니다.

A : I went to bed early last night, but I should have studied more. 어젯밤에 너무 일찍 잠들었어. 공부를 더 했어야 했는데.

B : You could have studied more, so why did you go to sleep early? 공부 더 할 수 있었을 텐데, 그래서 왜 일찍 잔 거야?

★ 이 말도 해석할 수 있다!

After a lucky dream, I should have bought a lottery ticket.

▶

정답: 길몽을 꾸고, 복권을 샀어야 했어.

▶ 예전에 저는 '만약~'라고 무언가를 가정할 때 if만 사용한다고 생각했어요. 그런데 영국에 가자마자 이런 말을 들었습니다.

"Should you have any queries, please feel free to contact me."

문장 시작부터 조동사로 말하는 건 처음 들어봐서 당황했습니다. 심지어 의문문도 아닌 거예요. 나중에 알고 보니 격식을 차리는 경우, if 대신에 should를 사용하기도 하더군요. Should you have any queries는 결국 '만약 궁금한 게 있으시다면If you have any queries'이라는 의미인 거죠. 보통 어떤 상황을 가정할 때는 어느 정도 가능성이 있는 상황을 가정하잖아요? should의 기본 그림이 60%의 가능성을 갖고 있기 때문에 '만약 용무가 있다면'이라고 가정할 때 should를 사용할 수도 있는 겁니다. (다른 조동사에는 해당되지 않고 should에만 해당됩니다.)

A : Should you have any queries, please feel free to contact me. 궁금하신 점이 있다면, 편하게 연락주세요.

B : Should I contact you via email?
이메일로 연락 드리는 게 좋을까요?

Should you need any further information, please do not hesitate to contact me.

▶ ....

▶ 격식을 갖춘 영국식 영어 중엔 이런 표현이 있어요.

"We should be grateful if you would return the key when checking out."

쭉 해석해 볼까요? '우리는 의무감이 느껴질 겁니다We should be 감사하는grateful, 만약 당신이if you 열쇠를 반납하시면요return the key 체크아웃을 할 때when checking out.' 이 표현이 격식 있는 이유는 '의무감이 느껴지는' should를 사용했기 때문이죠. '당신에게 감사해야 할

의무감이 느껴진다'는 것은 굉장히 격식 있는 표현입니다.

A : We should be grateful if you would return the
key when checking out. 체크아웃할 때 열쇠를 반납하시면
정말 감사하겠습니다. (감사해야 할 의무감을 느낄 겁니다.)

B : I will not forget to return the key. Thank you
very much. 열쇠 반납하는 것 잊지 않을게요. 정말 감사합니다.

★ 이 말도 해석할 수 있다!

**I should be grateful to my parents
for taking care of me.**

▶ ....

정답: 우리 부모님이 나를 돌봐주신 것에 대해 정말 감사해야 해. (감사해야 하는 의무감이 느껴져.)

should의 그림을 떠올리며 뜻을 유추해 보세요.

1. 설렁탕을 먹는 외국인 친구에게 꿀팁 전수

You should put more salt and pepper in it.

▶ ....

2. 학원에 정말 가기 싫을 때 내적 갈등을 하며

Should I go to cram school?

▶ ....

3. 소중한 사람을 모두 떠나 보내고 후회하는 친구에게

You should have been nice to those who you love.

▶ ....

4. 프레젠테이션에서 자주 들을 수 있는 말

Should you have any questions, do not hesitate to ask me.

▶ ....

5. 이미 많이 갖고도 더 욕심 부리는 친구에게 한마디

We should be thankful for what we have.

▶ ....

: 정답 : 1. 설렁탕에 소금이랑 후추 좀 넣는 게 좋아. 2. 내일 학원에 가야 할까요?(가는 게 좋을까요)? 3. 너는 네가 사랑하는 사람들에게 더 잘했어야 했어. 4. 질문이 있다면 주저하지 말고 제게 물어보세요. 5. 우리는 우리가 가진 것들에 대해서 감사해야 한다(감사해야 할 의무가 있다).

희망과 의지의
will/would

will은 '~할 것이다'라고 외우는 조동사입니다. 미래 시제를 나타내는 조동사로 배우기도 하고요. will은 라틴어 velle에서 기원한 단어입니다. '희망', '의지'라는 의미이죠. 그래서 will이 명사로 쓰이면 '의지'라는 의미가 됩니다. **'희망'과 '의지'의 그림이기 때문에 주로 미래를 표현할 때 쓰이고요. 다른 조동사보다 훨씬 큰 가능성을 말합니다. 대략 70% 정도예요.** would은 will의 하위호환 입니다. 문법적 기능은 will의 과거형이고요, 약 65% 정도의 가능성을 가지고 있습니다.

▶ 유튜브 강의

'희망'과 '의지'의 will과 would로 어떤 말을 할 수 있는지 알아보겠습니다.

▶ 집에서 가족들과 수다를 떨고 있습니다. 근데 갑자기 전화벨이 울리네요. '내가 받을게!'라고 말하고 전화를 받으려고 하는데요.

"I will get it."
vs
"I am going to get it."

I will get it.과 I'm going to get it. 중 더 자연스러운 표현은 무엇일까요? be going to 역시 '~할 것이다'라고 외우기 때문에 얼핏 보면 둘 다 같은 말 같습니다. 하지만 본질적인 그림을 생각하면 둘의 차이가 명백해지죠. '희망'과 '의지'의 그림인 will의 경우 어디까지나 가능성의 영역에 있습니다. 70% 정도의 가능성이죠. 반면 be going to는 준조동사로, 가능성과는 관계가 없습니다. 확실한 '사실'이죠. 전화가 온 상황은 내가 예측한 상황이 아닙니다. 다시 말해, 불확실한 상황인 겁니다. 그래서 불확실한 상황에 대한 가능성을 내포하는 will을 사용하는 게 적절합니다. 만약 확실한 be going to를 사용하면 '내가 받으려고 했어.'라는 어감이 되는 거죠. 마치 전화가 온다는 사실을 확신하고 있었던 것처럼요. 오기로 예정된 전화를 기다리는 상황이면 모를까, 전화가 언제 올지 몰랐던 상황에서는 적절하지 않은 표현입니다.

A : I'll get it! 내가 받을게!

I thought it was a call from the University of Oxford. I was going to get it.
옥스퍼드 대학교에서 온 전화인 줄 알았는데, 내가 받으려고 했어.

★ 이 말도 해석할 수 있다!

For a holiday trip, I [will / am going to] go to Germany next week.

▶ ....

정답: 휴가차 나는 다음 주에 독일에 갈 것이다. (정답: am going to *미리 계획한 확실한 일정)

▶️ 토론 수업을 하고 있었어요. 한 친구가 주장을 말할 때 입버릇처럼 하는 말이 있었어요.

"I would say globalization will make various cultures unified."

would는 will의 하위호환이라고 했죠? will이 70%의 가능성을 가지고 있다면 would는 그것보다 조금 낮은 65% 정도의 가능성을 갖고 있습니다. 말의 세기를 조금 낮출 수 있죠. 'I will say~'가 '난 ~라고 말할래'라면, 'I would say~'는 '나는 아마 ~라고 말할 것 같아' 정도의 뉘앙스입니다. 따라서, '나는 말할 것 같아I would say 국제화가 다양한 문화들을 융합하게 만든다고globalization will make various cultures unified'라는 뜻입니다.

A : I would say globalization will make various cultures unified.

난 아마 이렇게 말할 것 같아. 세계화가 다양한 문화를 통합시킬 거라고.

B : Disagreed. I guess it could rather diversify cultures around the world.

반대해. 그것(세계화)이 오히려 문화를 다양화시킬 수 있다고 생각해.

Can you introduce some Korean food that I would like?

▶ ··

정답: 내가 좋아할 것 같은 한국 음식 좀 소개해 줄 수 있어?

▶️ 어느 날, 집 근처에 경찰들이 엄청 많더라고요. 조금 무서웠어요. 다음 날 전날 본 광경을 친구에게 말해줬어요. '야, 어제 맨체스터에 경찰들이 쫙 깔려 있더라Yesterday, police officers covered the whole of Manchester.' 그러자 친구가 이렇게 말했습니다.

"I think they would have already prepared for the protests today."

앞서 몇 번 언급한 〈조동사 과거형+have p.p〉입니다. would는 65% 정도의 가능성을 가지고 있죠. 그래서 〈would have already p.p〉를 해석하면 '아마도 ~였을 것이다'라는 뜻입니다. 이미 일어난 과거의 일을 추측하는 어감이죠. 친구가 한 말을 해석하면 '내 생각엔I think 그들은 아마 막을 준비하고 있었을 거야they would have already prepared for 오늘 시위를the protests today'라는 의미가 됩니다.

A : I think they would have already prepared for the protests today.
내 생각에 아마 경찰들이 오늘 있는 시위를 대비하고 있었던 것 같아.

B : Yeah, they will have finished the protest until next Sunday. 응. 다음 주 일요일까지 시위를 끝낸대.

대화문에서 사용된 〈will have p.p〉는 미래완료라는 녀석입니다. 가능성이 다소 약한 would가 사용된 〈would have p.p〉로 과거의 일을 추측했다면 가능성이 더 강한 〈will have p.p〉는 보다 확실한 일을 추측할 때 사용합니다. 바로 다음 예문에서 본격적으로 다룰게요.

★ 이 말도 해석할 수 있다!

I should have read the instruction. It would have prevented me from making mistakes.

▶ ....

정답: 설명서를 읽었어야 했는데. 그게 아마 내가 실수하는 걸 방지해줬을 거야.

▶ 교수님과 미팅을 하고 있었어요. 교수님이 제게 이렇게 말씀하셨습니다.

"You will have received a letter from the faculty recently."

recently(최근에) 라는 단어를 캐치했기에 망정이지 무슨 말인지 못 알아들을 뻔했습니다. 앞서 짧게 언급했던 〈will have p.p〉가 나왔어요. 우리는 그냥 막연하게 '미래완료'라고 외우는 표현이죠. '미래완료'로 외우기보다는 will의 그림을 생각하며 어순대로 이해하는 것이 좋습니다. '너는you 70%의 높은 확률로will 받았을 것이다have received 편지를a letter 학과로부터from the faculty 최근에recently.' 이렇게 〈will have p.p〉는 (가까운) 미래에 대한 확신을 나타내는 표현을 할 때 사용할 수 있습니다.

A : You will have received a letter from the faculty recently. 아마(확신컨대) 최근에 학과로부터 편지를 받았을 거야.

B : I haven't, sir. But, I heard they will have sent it by this Friday.
아닙니다. 근데 제가 듣기로 이번 주 금요일까지 보내주겠다네요.

가능성이 대단히 높은 일을 추측할 때 〈will have p.p〉를 사용하죠. 그래서 대화문의 'will have sent by this Friday'는 '이번 주 금요일까지 보내줄 것'이라는 강한 추측의 뉘앙스가 있습니다.

★ 이 말도 해석할 수 있다!

We can't visit him in the hospital.
He will have gone to bed.

▶ ....

정답: 우리는 그를 병문안 할 수 없어. 그는 아마 잠에 들었을 거야.

will/would의 그림을 떠올리며 뜻을 유추해 보세요.

1. 확실친 않지만 아마 내일 쇼핑을 갈 것 같다.

I [will / am going to] go shopping.

▶ ....

2. 둘 중 조금 더 약한 어조의 프러포즈는?

[Would / Will] you marry me?

▶ ....

3. 졸업 후에 뭐 할거냐고 물어보는 친구에게

I think I would look for a job.

▶ ....

4. 소식이 뜸한 친구에게 편지를 보냈는데 지금쯤 받았겠지?

He will have got my letter.

▶ ....

5. 저녁식사 당번 지환이가 식사 준비를 하나도 하지 않았다.

I thought Jiwhan would have cooked dinner by the time I arrived.

▶ ....

: 정답 : 1. 쇼핑 갈 것 같아. (정답: will *be going to는 비교적 확실한 일에 사용) 2. 결혼해 주지 않을래? (정답: Would) 3. 내 생각에 아마 직장을 구할 것 같아. 4. 그는 내 편지 받았을 거야. (꽤 확신하고 있음) 5. 내가 도착하는 시간쯤 지환이가 요리를 해놨을 거라고 생각했다.

45

빼도 박도 못하는

must

must는 조동사 중에서 가장 강력한 녀석입니다. 우리가 흔히 '반드시 ~해야 한다'라고 외우잖아요. 그만큼 강도가 센 녀석이에요. must는 원래 may와 비슷한 의미로 사용되었던 단어입니다. **하지만 19세기 말부터 현대 영어에서는 '무조건', '빼도 박도 못 하는' 그림으로 사용되고 있죠.** 조동사는 말의 강도를 조절하는 역할을 하죠? must가 가진 가능성의 강도는 숫자로 말하면 90~95% 정도입니다.

▶ 유튜브 강의

'무조건', '빼도 박도 못하는' 그림의 must를 생각해 봅시다.

▶ 조별 모임에 조장이 못 온대서 이렇게 말했어요.

"You must come."
vs
"You have to come."

must와 have to는 같은 것 같지만 엄연히 다른 어감을 가졌습니다. 하지만 그림을 떠올리면 쉽습니다. must는 강한 어감의 조동사로 90~95% 정도의 가능성을 가지고 있습니다. 여전히 5~10% 정도의 예외는 있죠. 반면 have to는 조동사가 아니라서 가능성과는 관계가 없습니다. 즉 'You must come.'은 강한 어조(90~95%)로 오라고 하긴 하지만 안 와도 되기는 합니다. 5~10%의 예외가 있으니까요. 하지만 'You have to come.'은 예외가 없습니다. 안 오면 처벌을 받는다거나 불이익이 따를 수도 있다는 어감이죠.

A : You must come. 너 꼭 와야 돼.

B : I will see if I can come tonight.
오늘밤에 갈 수 있는지 한번 볼게.

★ 이 말도 해석할 수 있다!

**You have to pay your tuition fees by
this Friday. It is the final notice.**

▶ ....

정답: 학비를 이번 주 금요일까지 내야 합니다(규정상 무조건 내야 함; 예외 없는 have to를 사용). 이건
마지막 통보입니다.

▶ 한 친구가 남자친구 문제로 화가 잔뜩 나있었어요.

"Clement did not text me back last night. He must have gone to the nightclub."

앞선 챕터에서 과거의 일을 추측할 때 〈조동사 과거형+have p.p〉구문을 쓴다고 했죠? must도 마찬가지입니다. 다만 must가 90~95% 정도의 강한 가능성을 가졌기 때문에 과거의 일을 아주 강하게 추측하는 어감이 있습니다. 그래서 〈must have p.p〉는 '무조건 ~했을 것이다'라고 해석할 수 있습니다. 제 친구의 말은 '클레멘트가 어젯밤에 답장을 안 했어Clement did not text me back last night. 그는He 무조건 갔을 거야must have gone 클럽에to the nightclub'라는 의미입니다. '클레멘트 빼박 클럽 갔어.'라고 확신하는 거죠.

A : Clement must have gone to the nightclub. I'm so furious. 클레멘트 분명히 클럽에 갔을 거야. 나 겁나 열 받았어.

B : Calm down. He could have gone to sleep early last night. 진정해. 어제 그냥 잤을 수도 있잖아.

★ 이 말도 해석할 수 있다!

James must have called you last night.

▶ ....

정답: 어젯밤 제임스가 분명히 너한테 전화했을 거야.

▶️ 한 번은 친구랑 봉사활동을 가기로 약속했는데요 봉사활동 당일 아침에 친구가 전화로 이렇게 말하더라고요.

364

"Hey, I just woke up. Must I go there now?"

'나 이제 막 일어났다I just woke up'는 말이죠. 그 다음엔 must를 사용해서 질문을 합니다. '내가 지금 거기 꼭 가야 해Must I go there now?' 친구의 말엔 어떤 의도가 있을까요? must는 90~95% 정도의 높은 가능성을 가진 조동사입니다. must를 사용한 걸로 봐선 친구의 마음 속엔 봉사활동에 가야 한다는 의무감이 엄청나게(90~95%) 높다는 것을 알 수 있습니다. 하지만 must가 100%는 아니잖아요? 그래서 안 내키는 마음(5~10%)도 존재하고 있고요. 은근히 말려주길 바라며 '나 꼭 가야겠지?'라고 말하는 뉘앙스입니다.

A : Hey, I just woke up. Must I go there now?
　　나 이제 일어났어. 거기 꼭 가야 하니(무조건 가야 하는 걸 알고 있지만 약간 안 내킴)?

B : It's up to you. But you should come.
　　너한테 달려 있어. 하지만 오는 게 좋지.

Must I wash my hands?

▶ ....

정답: 꼭 손을 닦아야 하나요? (반드시 손을 닦아야 하는 건 알고 있지만 왠지 안 내킴)

▶ 주말마다 농구 동호회에서 농구를 하는데요, 경기 시작 전 심판이 주의사항을 주며 이렇게 말하더라고요.

"All players must not wear anything which might injure another player."

must의 부정형인 must not은 '무조건 하면 안 되는' 그림을 갖고 있습니다. 이 표현은 '모든 선수들은All players 무조건 입으면 안 된다must not wear 어느 것이든anything 그것이 다른 선수들을 다치게 할 수 있는 건which might injure another player'이라고 해석할 수 있죠.

must not과 비슷한 준 조동사로 need not이라는 표현이 있는데요. must not처럼 '무조건' 하면 안 되는 것까지는 아니지만 '(굳이) 필요하지 않은' 그림이에요.

A : All players must not wear anything which might injure another player. 모든 선수들은 어느 것이든 다른 선수들을 다치게 할 수 있는 건 (무조건) 입으면 안 됩니다.

And a player need not wear basketball shoes and a uniform.
그리고 선수들은 굳이 농구화와 유니폼을 입을 필요까진 없습니다.

★ 이 말도 해석할 수 있다!

Students must not use their cell phone during the exam.

▶ ....

정답: 학생들은 시험 도중에 휴대폰을 사용하면 안 된다. (must not 금지되어 있음, 만약 need not을 쓴다면 금지까진 아님, 굳이 사용할 필요는 없음)

　　　　45-2.mp3

must의 그림을 떠올리며 뜻을 유추해 보세요.

1. 자존심이 세서 잘못을 인정하지 않는 친구에게 한 마디

You must admit your mistakes and apologize to people.

▶ ....

2. 의지가 약한 친구의 다이어트 실패를 확신하며

He must have got the munchies last night.
I swear.

▶ ....

3. 도둑들이 기승을 부리더니 요새는 조용하다?

The thieves must have been arrested.

▶ ....

4. 운동은 꼭 해야 하는 건 알지만 오늘 하루만 쉬고 싶다.

Must I work out today?

▶ ....

5. 미국에서는 길거리 음주가 불법이다.

In some American states, you [must not / need not] drink alcohol on the street.

▶ ....

: 정답: 1. 너는 (무조건) 실수를 인정하고 사람들에게 사과해야 한다.   2. 걔 아마 빼박 어젯밤에 군것질했을 거야. 내가 장담해.   3. 도둑들이 빼박 체포되었을 것이다.   4. 오늘 굳이 꼭 (헬스장에서)운동해야 해?   5. 미국의 몇몇 주에서, 당신은 길거리에서 술을 마시면 절대 안 된다. (정답: must not *선택이 아닌 금지사항)

이 책을 기다리는 〈영알남〉 채널 구독자들의 성원

필*

오오오오오 좋은 라면 받침대가 완성되어가는군요.
표지는 좀 딱딱하게…

Changyeon ***

사고 싶어서 현기증 난다

한 **

이 형은 댓글 잘 읽고 시청자 의견 잘 반영해서 정말 좋다 ><

Soyoung ****

유익하다고 말하는 것도 지치네요… 오늘도 어제도 그제도 유익했어
요 :) 좋은 제목으로 얼른 출판되었으면 좋겠어요 :)

곽정*

근데 이 컨텐츠 완전 사랑하는 게 인풋 대비 아웃풋이 너무 좋은 것 같
아. 여행가거나 외국인하고 대화할 때 들을 수 있는 게 더 많아졌어.

이희*

오오 이제 베스트셀러까지 노려봅시다 ㅋㅋ

Se On**

책 출판되자마자 바로 구매합니다. 유튜브 콘텐츠들도 장난 아니게
알차고 속찬 게 수두룩한데 책은 말이 필요 없겠죠.

요즘 영어

부록
· 예문 mp3 다운로드
· 오디오클립 QR코드
제공

하선호, 모모콘 지음
272쪽 | 14,000원

미국 1020이 지금 이 순간
거리에서, SNS에서 쓰는
'진짜 영어'를 배운다!

난이도	첫걸음 | 초급 | 중급 | 고급	기간	70일
대상	재미있게 영어를 공부하고 싶은 학습자 최신 영어 표현을 배우고 싶은 학습자	목표	지금 미국에서 진짜 쓰는 생생한 영어 표현을 '챈트 학습법'으로 익힌다!